Wanderley Oliveira

pelo espírito *Pai João de Angola*

fala, Preto Velho

Série
Autoconhecimento

Dufaux
editora

FALA, PRETO-VELHO
Copyright © 2013 by Editora Dufaux
1ª Edição | Março 2013 | do 1º ao 5º milheiro
13ª Reimpressão | Janeiro 2023 | 48º Milheiro

Dados Internacionais de Catalogação Pública [CIP]
Câmara Brasileira do Livro | São Paulo | SP | Brasil

ANGOLA, Pai João (Espírito)
Fala, Preto-Velho.
Pai João de Angola (Espírito): psicografado por Wanderley Oliveira.
Belo Horizonte: Dufaux, 2013.
296 p.   16 x 23 cm

ISBN 978-85-63365-26-2

1. Espiritismo   2. Psicografia
I. Oliveira, Wanderley   II. Título

CDU 133.9

Impresso no Brasil   Printed in Brazil   Presita en Brazilo

EDITORA DUFAUX
R. Contria, 759 - Alto Barroca
Belo Horizonte - MG
CEP: 30431-028
(31) 3347-1531
comercial@editoradufaux.com.br
www.editoradufaux.com.br

 Conforme novo acordo ortográfico da língua portuguesa ratificado em 2008.

Os direitos autorais desta obra foram cedidos pelo médium Wanderley Oliveira à Sociedade Espírita Ermance Dufaux (SEED). É proibida a sua reprodução parcial ou total através de qualquer forma, meio ou processo eletrônico, digital, fotocópia, microfilme, internet, cd-rom, dvd, dentre outros, sem prévia e expressa autorização da editora, nos termos da Lei 9.610/98 que regulamenta os direitos de autor e conexos.

Salmo 23,
a oração da proteção

O Senhor é o meu pastor, nada me faltará.

Deitar-me faz em verdes pastos, guia-me
mansamente a águas tranquilas.

Refrigera a minha alma; guia-me pelas veredas da
justiça, por amor do seu nome.

Ainda que eu andasse pelo vale da sombra da
morte, não temeria mal algum, porque Tu estás
comigo; a tua vara e o teu cajado me consolam.

Preparas uma mesa perante mim na presença dos
meus inimigos, unges a minha cabeça com óleo, o
meu cálice transborda.

Certamente que a bondade e a misericórdia
divina me seguirão todos os dias da minha vida; e
habitarei na casa do Senhor por longos dias.

Foi um tempo de muita dor
Foi um tempo de escuridão
Preto véio trabaiava
Na chibata e pé no chão.

Foram dias de revolta
Desrespeito e solidão
Preto véio não recramava
Pruquê tava tudo bão.

Pai João não vai mais chorar
Pelos dias de provação
Pai João agradece ao Pai
Pois vi de perto a redenção.

Ei, Meu Jesus! Ei, meu Senhor!
Tem pena de nóis, tem dó
Pai João acredita em Ti
Teu poder é bem maió.

Senzala de Deus é paz
Senzala de Deus é luz
Foi lá que eu senti a cruz
Foi lá que entendi Jesus.

Sumário

Prefácio
Autodefesa energética à luz do amor
Pai João de Angola 12

Introdução
A linguagem de pretos-velhos
Maria Modesto Cravo 20

Palavras do médium
Assim falou Pai João de Angola
Wanderley Oliveira 28

Capítulo 1
Deus é maior que qualquer magia *34*

Capítulo 2
Emoções tóxicas e obsessão *40*

Capítulo 3
Remédio energético *46*

Capítulo 4
Abrir os caminhos da vida *52*

Capítulo 5
Médium na umbanda ou no espiritismo? *58*

Capítulo 6
Dar passagem aos espíritos 62

Capítulo 7
Dependência emocional: a pior doença energética 68

Capítulo 8
Visita entre religiosos no Hospital Esperança 76

Capítulo 9
Acolha seus obsessores com muito amor 84

Capítulo 10
"Magia" dentro de casa 90

Capítulo 11
Proteção emprestada 100

Capítulo 12
Estou descobrindo que não sou Deus 106

Capítulo 13
Estresse e bolsões energéticos 114

Capítulo 14
Autoamor, a magia mais poderosa do planeta 120

Capítulo 15
Pai João, o senhor tem notícias da minha mãe? 126

Capítulo 16
Vingança não é um instrumento de Deus 132

Capítulo 17
Amar não é carregar a dor de quem amamos 140

Capítulo 18
Estou no caminho certo? 146

Capítulo 19
Preciso desenvolver a mediunidade? *152*

Capítulo 20
Magia de amarração no "amor" *158*

Capítulo 21
Melhoria interior e corpo fechado *162*

Capítulo 22
Antidoutrinário é não amar *168*

Capítulo 23
Perguntas feitas aos religiosos no Hospital Esperança *172*

Capítulo 24
Entrevista com o evangélico *178*

Capítulo 25
Guias verdadeiros não cobram, educam *184*

Capítulo 26
Maria Santíssima, luz para os aflitos *188*

Capítulo 27
Os três passos da fé *192*

Capítulo 28
Horta mística *196*

Capítulo 29
Arruda, o escudo emocional *202*

Capítulo 30
Alecrim, alegria e vida em abundância *208*

Capítulo 31
Importância da alegria de viver *214*

Capítulo 32
Reforma íntima libertadora 220

Capítulo 33
Péssimo momento para morrer 224

Capítulo 34
Suicídio: desista já dessa ideia 230

Capítulo 35
Sete passos contra mau-olhado 234

Capítulo 36
Relacionamentos amorosos 238

Capítulo 37
Fé é soltar o controle da vida 242

Capítulo 38
Viver não é um fardo 246

Capítulo 39
Ajude Deus a te ajudar 250

Capítulo 40
Meditação de libertação da angústia 256

Entrevista
Mais um pouco com Pai João de Angola
Wanderley Oliveira 262

Prefácio
Pai João de Angola

Autodefesa energética à luz do amor

"E, chamando os seus doze discípulos, deu-lhes poder sobre os espíritos imundos, para os expulsarem, e para curarem toda a enfermidade e todo o mal."

Mateus 10:1.

Há, na Terra, um clamor angustiado por proteção. É uma das necessidades humanas mais desejadas em todos os cantos do planeta. A sensação de desamparado ante tantas ameaças aproxima o ser humano das três principais feridas evolutivas: as feridas da inferioridade, do abandono e da falibilidade, que são cada vez mais expostas, criando uma sensação de desamparo.

A sensação de inferioridade brota ante os desafios sociais que convidam o homem a tomar consciência da sua verdadeira condição espiritual.

A experiência emocional do abandono é sentida quando a criatura começa a reconhecer a extensão do egoísmo na sua vida, pois, quando se descobre o egoísmo pessoal, o mundo é visto por outras lentes. Parece que todas as pessoas estão consumidas no seu próprio interesse e nada mais.

A consciência da sua falibilidade, no entanto, é o sentimento que mais arremessa a criatura nos braços do complexo de inferioridade e na dor do abandono. Sentir-se falível é reconhecer sua fragilidade ante os testes da existência.

Tais feridas sofridas na alma provocam o sentimento de medo. O ser humano está com muito medo, e a insegurança é uma doença grave da humanidade.

Escrevo para oferecer reflexões sobre a proteção. Meu propósito é mostrar alguns caminhos pelos quais podemos desenvolver e absorver proteção íntima, sentindo-nos mais seguros perante o incontrolável fluxo da vida.

Manter-se, juntamente com seus bens, dentro de muros altos e de cercas elétricas, com cofres móveis e segurança armada, fortalezas perecíveis e passíveis de falha, não elimina o nosso medo. Somente a edificação do sentimento de segurança interior é capaz de abrir as portas para que a criatura avance rumo ao seu crescimento sem deter a marcha na paralisia provocada pelas miragens aterrorizantes do medo.

Desejosas de proteção e de alívio, multidões terceirizam sua evolução, entregando sua vida pessoal a sacerdotes, médiuns, gurus, pastores e outros tantos líderes. Muitas vezes, acabam encontrando, sem perceber, exploradores, charlatães e místicos desorientados.

Para não cair em enganação, devemos nos proteger com a energia proveniente do amor. Autodefesa energética contra as forças malignas é resultado da amorosidade na conduta. O amor é o maior escudo protetor de nossa caminhada de progresso. Sem a vivência do amor, não existe estado íntimo de segurança. E, para amar, havemos de devassar o mundo interior e promover uma educação emocional consciente e bem dirigida.

Essa busca por amparo leva bilhões de seres à religião, pois estão necessitados do contato com uma força maior, com um Ser que os proteja, os oriente e os livre da intensidade da dor nas provações. O efeito do contato com essa luz, seja ela chamada de Deus, de espíritos de luz, de anjos ou de espírito santo, acontece quando a criatura se sente acolhida, fortalecida e aliviada.

Esse ato de buscar ajuda e amparo é muito saudável. O problema surge quando o ser humano se esquece de que a luz recebida é apenas um empréstimo para caminhar com mais coragem, com esforço próprio, na busca da solução. Entretanto, raros são os que assim entendem, e muitos terminam dependendo exclusivamente da ajuda divina, fugindo de sua parcela individual na responsabilidade de zelar pela vida íntima.

Em contrapartida, e como consequência do alívio encontrado na religião, existe a compulsão por proteção espiritual. Trata-se de uma doença, pois não podemos confundir proteção e alívio com solução das provas.

O estado de infância espiritual e emocional de muitas pessoas quer encontrar, nas bênçãos da religião, o amuleto sagrado que as livre dos problemas, quando, em verdade, a proposta da escola terrena, em todos os setores do progresso humano, é o aprimoramento por meio do esforço, do merecimento e da autoeducação, de forma que o ser humano tome posse de conquistas definitivas.

Livres das pressões das provas, com suas lutas amenizadas nos roteiros religiosos, grande parcela desses espíritos assume a posição de proprietária da verdade. Disso, surgem os desrespeitos e as infrações às diferenças e aos diferentes.

Orientação religiosa é empréstimo. Descarrego, bênção papal, corrente de libertação, passes e rituais de obrigações são apenas movimentos para atenuar dores e revitalizar forças, quaisquer que sejam os nomes que se possa dar a eles. Religião sem melhora pessoal pode se transformar apenas em trampolim de vaidade pessoal e ferramenta do egoísmo para soluções imediatistas de problemas particulares.

A lei imutável e sagrada determina que cada um responda por sua própria plantação. Ninguém pode resolver nada pelo outro. Ninguém tem poder suficiente para transformar o outro, pois não existe amor capaz de mudar quem não queira. Cada um de nós tem de plantar, adubar, regar e fazer a colheita na caminhada das experiências da seara da vida.

A força real, o poder pessoal e a proteção legítima são conquistados, vêm somente de dentro da alma. Sua conquista se dá quando a criatura aprende a desenvolver seus potenciais mentais e emocionais, ou seja, quando decide usar sua liberdade de escolha para plantar as sementes que darão abundantes frutos do bem.

A autodefesa energética é um efeito de como lidamos com as potências da alma, com as forças divinas com que fomos criados. E a imunização contra o mal é o resultado da atitude de tecer a manta defensiva do bem, da qual nos tornamos legítimos proprietários.

Que os filhos queridos consigam assimilar a verdade. Refúgio autêntico e fortaleza espiritual são construções interiores.

Quem aprende a amar adquire, também, o poder de se proteger.

E louvado seja nosso Senhor Jesus Cristo!

Pai João de Angola.
Belo Horizonte, novembro de 2012.

Introdução
Maria Modesto Cravo

A linguagem de pretos-velhos

"A fim de chegarem a esta (unidade), as religiões terão que encontrar-se num terreno neutro, se bem que comum a todas; para isso, todas terão que fazer concessões e sacrifícios mais ou menos importantes, conformemente à multiplicidade dos seus dogmas particulares. Mas, em virtude do processo de imutabilidade que todas professam, a iniciativa das concessões não poderá partir do campo oficial; em lugar de tomarem no alto o ponto de partida, tomá-lo-ão embaixo por iniciativa individual. Desde algum tempo, um movimento se vem operando de descentralização, tendente a adquirir irresistível força. O princípio da imutabilidade, que as religiões hão sempre considerado uma égide conservadora, tornar-se-á elemento de destruição, dado que, imobilizando-se, ao passo que a sociedade caminha para a frente, os cultos serão ultrapassados e depois absorvidos pela corrente das ideias de progressão."

A gênese, capítulo 17, item 32.

$\mathcal{A}$ pedagogia da linguagem dos pretos-velhos é coerente com a ética de Jesus, com os princípios do espiritismo e com as crenças mais acolhidas pelo imaginário popular em relação aos assuntos do espiritualismo.

Por meio de sua fala singela e metafórica, eles trabalham com os valores da fé e da importância do bem no coração humano. É uma linguagem de consolo, que sincroniza simplicidade com acolhimento, rica em sua forma de atingir o inconsciente das pessoas sofridas e fervorosas, despertando poderosos elementos de luz e de motivação.

O falar dos pretos-velhos conduz o homem para metas realistas de renovação e de melhoria moral, levando a muitos a sensação de libertação e de motivação com o recomeço perante provas e expiações. Não é uma linguagem de catequese nem de doutrinação, mas de pacificação e de perdão interior, extremamente rica em afetividade.

Com essa pedagogia da esperança e do conforto espiritual, os pretos-velhos realizam um autêntico serviço de educação social para muitas pessoas que não se adaptam mais aos velhos conceitos da religião tradicional, mas que também não se encontram aptas ou dispostas a absorver as propostas mais profundas de renovação da conduta que alicerçam as bases do espiritismo.

Os pretos-velhos orientam o povo para a fé em Deus e, com isso, transformam-se em potentes educadores do afeto, em renovadores das crenças mentais, gerando uma relação de simpatia que alimenta e toca o afeto nas mais amplas esferas da dor humana.

Pai João de Angola, reencarnação do espanhol Francisco Jiménez de Cisneros (1436-1517), mais conhecido como Cardeal Cisneros, tem, em seu método de comunicação, antes de tudo, um atestado de que ao espírito cabe o direito de se manifestar em sua forma peculiar, sem que isso signifique, obrigatoriamente, um critério de evolução ou de densidade de conteúdo moral nas mensagens. É uma quebra de estereótipo em relação à noção deturpada que se formou sobre o mentor espiritual ou guia espiritual. Pai João mostra que os mentores também erram, também choram, também falam e também escrevem errado. Os mentores também são gente.

Seus textos, repletos de reflexões claras e singelas, sensibilizam a alma, relembrando os mais preciosos ensinamentos espirituais capazes de cooperar na formação do homem de bem: a maior e mais cobiçada meta na direção da regeneração do planeta Terra.

A simplicidade desse *nego véio* é de uma beleza contagiante, a qual nos envolve em climas emocionais que somos incapazes de descrever. Apenas sabemos que o enlevo nos textos desse pai velho nos conduz a estados espirituais de profunda paz, libertação, leveza e entusiasmo.

Pai João bem que poderia construir seus textos em uma linguagem que louvasse a língua portuguesa com verbos perfeitos e palavras rebuscadas, entretanto, sua forma de se expressar não impede a profundidade de suas abordagens e a densidade de suas ideias, assumindo diversas posturas pedagógicas em conformidade com a natureza dos textos. Consultor, orientador, psicólogo, conselheiro, pajé, instrutor, educador, mago e preto-velho, esse é Pai João de Angola. Um pouco de cada uma de suas personalidades está projetada em suas palavras.

Respeitando quaisquer opiniões contrárias às nossas, entregamos os ensinos de Pai João de Angola avalizados por uma equipe de espíritos servidores da luz e construtores da regeneração no Hospital Esperança[1], cujo mentor é Eurípedes Barsanulfo.

Em meio a discussões improdutivas sobre a validade ou não da comunicação de pretos-velhos, confirma-se, atualmente, a crescente participação lúcida e educativa de todos eles na espiritualização do nosso povo brasileiro.

---

1 O Hospital Esperança é uma obra de amor erguida por Eurípedes Barsanulfo no mundo espiritual. Seu objetivo é amparar os seguidores de Jesus que se deparam com aflições e culpas conscienciais após o desencarne. Informações mais detalhadas sobre o hospital podem ser encontradas no livro *Lírios de esperança*, obra de autoria espiritual de Ermance Dufaux e psicografia de Wanderley Oliveira, Editora Dufaux.

Os pretos-velhos cada vez mais ampliam o raio de sua atuação amorosa e instrutiva. Sua presença marcante e cada vez mais popularizada pelo bem que espalham é uma autêntica cirurgia no orgulho para retirada do quisto do preconceito de muitos grupos afeiçoados à rigidez nos assuntos da mediunidade. São cada vez mais queridos e requisitados, entrevistados e procurados. Agora já encontram espaço para escrever livros e ser alvo da reverência e do louvor de muitos. Fazem parte do mais moderno repertório de educação religiosa, no que concerne às inúmeras comunidades organizadas no Brasil, e trafegam com sabedoria entre várias seitas cristãs.

O progresso das ideias cria uma nova forma de pensar a respeito do papel dessas entidades espirituais na espiritualização da humanidade encarnada. No intuito de romper com as opiniões e com os princípios imutáveis que separam as religiões e estimulam seus adeptos à animosidade e à intolerância, Kardec destaca que, "(...) desde algum tempo, um movimento se vem operando de descentralização, tendente a adquirir irresistível força".

Esse movimento não é gerenciado por nenhuma entidade oficial, mas pela necessidade do coração humano. Pela importância que a mensagem expressada pelos pretos-velhos adquire, eles fazem parte desse movimento, que, em verdade, acontece em todas as latitudes do planeta Terra. Sobre isso, Allan Kardec diz também:

> "O princípio da imutabilidade, que as religiões hão sempre considerado uma égide conservadora, tornar-se-á elemento de destruição, dado que, imobilizando-se, ao passo que a sociedade caminha para

frente, os cultos serão ultrapassados e depois absorvidos pela corrente das ideias de progressão."

O terreno neutro das religiões está sendo criado a contragosto de muitos, que se aferram a premissas inflexíveis e se fazem oponentes à naturalidade com que se operam os tempos novos. Mesmo os argumentos mais lúcidos e respeitáveis utilizados pelos expoentes do espiritismo para justificar o atraso dos pretos-velhos têm sucumbido ante a força e a grandeza de sua manifestação afetiva e de sua capacidade libertadora das dores humanas. Por mais sensata a explanação doutrinária espírita a respeito do linguajar truncado e dos ensinamentos místicos dessas entidades espirituais, o povo adotou os pretos-velhos e eles adotaram a afeição do povo.

A relação de amor e de afeto entre os pretos-velhos e as multidões abateu as mais severas teses de lucidez exaradas com base nos princípios da mediunidade à luz do espiritismo. E que cada vez mais eles assumam o lugar que merecem!

Ninguém mais consegue escravizar os pretos-velhos! Louvado seja Deus!

Livre para falar! Fala, Pai João!

Falar difícil é muito fácil. Difícil é falar fácil e simples como faz o preto-velho!

Maria Modesto Cravo.
Belo Horizonte, novembro de 2012.

Palavras do médium

Assim falou Pai João de Angola

*Q*uando psicografava o livro *Lírios de esperança*, da autora espiritual Ermance Dufaux, fui levado durante o sono físico a conhecer mais de perto o Hospital Esperança. O hospital é uma obra de amor, erguida por Eurípedes Barsanulfo no mundo espiritual, que abriga cristãos que desencarnam em condições de conflito consciencial.

Lá, encontram-se adeptos de vários segmentos: católicos, espíritas, evangélicos, umbandistas, protestantes, entre outros.

Uma de minhas surpresas nessas visitas foi me deparar com uma capela católica, na qual várias pessoas oravam com fervor. Diante de minha estranheza e para ampliar ainda mais o meu aprendizado, fui levado por dona Modesta a uma tenda de umbanda.

Naquele momento, como acontece naturalmente, fui testado em meu preconceito e em minha dificuldade de compreender a razão dessas instituições em um hospital dirigido por espíritas e fundado por Eurípedes no mundo espiritual.

É o nosso velho preconceito! Mesmo sendo espíritas e com amplos conhecimentos sobre o mundo espiritual, nossas noções ainda estão muito carregadas pela religião ancestral, limitando nossa capacidade de absorver a realidade do além-túmulo.

A primeira sensação que senti naquela ocasião foi de mistura, de falta de identidade filosófica. Meu atavismo religioso falou alto.

O tempo passou e fui cada vez mais chamado a conviver com os espíritos dos mais variados segmentos religiosos, com os quais tenho aprendido lições de amor incomparáveis. Ermance Dufaux, por exemplo, que participou ativamente no espiritismo nascente ao lado de Allan Kardec, estabeleceu laços intensos com espíritos muçulmanos e teve várias vivências célticas, conhecendo a fundo o histórico de seitas nórdicas e de alquimia profunda.

De uns tempos para cá, embora esse acontecimento se dê já há algumas décadas, espíritos mais conectados com a visão umbandista aproximam-se mais de nossos núcleos espíritas, de nossas reuniões mediúnicas.

Quando vejo as discussões nem sempre fraternas entre amigos de espiritismo sobre esse assunto, penso muito no que tem acontecido em nossas vivências doutrinárias e percebo que, segundo dona Ivone do Amaral Pereira me explicou certa feita, está faltando o **espiritismo com**

espíritos, uma vivência mediúnica livre, investigativa, dialogal, assim como fazia Kardec com os espíritos.

São os padrões rígidos que nos distanciam da realidade, a qual somente é possível de ser assimilada com intercâmbio espontâneo, embasado na ética moral do bem, no trabalho sério, responsável, paulatino e fraterno com os espíritos.

Enquanto existe uma enorme dificuldade de compreensão sobre o assunto por conta dessa falta de vivência mediúnica experimental, a falta de fraternidade no trato com esses espíritos e com os médiuns que os acolhem com respeito só aumenta.

Os carinhosos pretos-velhos são almas queridas e humildes que tanto têm nos ensinado e que, com uma inteligência ímpar, conseguem transmitir as ideias mais profundas com uma simplicidade incomparável.

Que possamos aprender com eles a enxugar as lágrimas daqueles que estão aqui ao nosso lado, na Terra, onde habita gente comum e sofrida, gente como nós, gente como eles, os pretos-velhos!

Rogamos a Deus para que outras portas se abram a fim de que possam tornar o nosso mundo um pouco melhor.

Nessa hora, agradeço especialmente a Pai João de Angola a oportunidade de trabalho. Ele, que já me acompanha os passos de forma mais perceptível desde maio de 1976, ensinando-me sempre.

Fala, Pai João! Fala, preto-velho! Que suas palavras sejam muito bem-vindas a todos os espíritos sofridos e sedentos de amparo!

Orienta-nos com seu amor, para nos protegermos melhor perante a vida, para sofrermos menos os impactos de nossos descuidos morais.

Wanderley Oliveira.
Belo Horizonte, novembro de 2012.

Capítulo 1

Deus é maior que qualquer magia

"*Você já buscou Deus hoje? Já pensou na força maior que nos conduz através de Suas sábias e justas leis? Que contato você fez com Deus recentemente? Que tal passar um recado ao nosso Pai? 'Deus, meu Pai, eu passei aqui apenas para dizer que meu coração está aberto a ti.'*"

É verdade, *muzanfio*.

Deus é maior e mais poderoso sim, mas quem abre ou fecha o campo pra magia pegar ou não pegar somos *nóis* e não Deus. Deus tem Suas leis e compete a cada um de *nóis* se ajeitar com elas, se queremos o nosso bem.

Não é Deus quem controla isso, e sim a forma como nos posicionamos perante as leis que Ele criou.

Tem muita gente atribuindo sua proteção a práticas e a entidades espirituais. Procuram os terreiros na esperança de que trabalhos possam ser feitos para proteger ou desfazer magias.

Entretanto, *muzanfio*, magia ruim, feitiço do mal, precisa, antes de tudo, da proteção que *vosmecê* mesmo pode construir na sua forma de viver. Se a proteção vem por empréstimo, ela tem tempo contado. Vai acabar uma hora.

Muitos *fios* ainda dependem de amuletos para que a vida mental funcione com mais força e mais fé. Mas colocar patuá de defesa no pescoço e não decidir fazer o bem é torná-lo apenas um ornamento de vaidade e nada mais.

Olha, *zanfio*, proteção de verdade, escudo forte contra dardos malignos, só existe quando é formada a rede de defesa dos três sentimentos do bem: gratidão, fé ativa e dever cumprido.

Gratidão é o sentimento de quem está sempre valorizando a vida, mesmo com contratempos, dissabores e os problemas da rotina. Essa postura *alimpa* a aura do corpo físico e alimenta a energia da saúde. É ela quem equilibra o chacra solar (na altura do estômago), porque coloca a vida mental da criatura em comunhão com a aceitação, eliminando padrões de ansiedade e medo.

Fé ativa é a força que vem das profundezas da alma e forma uma couraça de energias de imunidade na mente. Essa atitude garante uma qualidade e uma quantidade de ectoplasma abundante, criando o manto da alegria. É ela quem organiza e tonifica o chacra esplênico (no lado esquerdo do corpo, junto ao baço), criando o movimento do metabolismo astral, alimentando a criatura com o humor elevado e rompendo com padrões de angústia e solidão, abandono e rejeição.

Dever cumprido é a sensação de paz interior diante das obrigações morais, que vitaliza a estrutura vibratória do períspirito contra as oscilações venenosas do mau-olhado, dos interesses mesquinhos e da má intenção. Esse comportamento gera uma onda energética em torno do corpo espiritual, que imuniza os fluidos tóxicos provenientes dos contextos sociais, formando a aura de fechamento do autoamor. É essa sensação que energiza a vida humana com profundas operações no chacra solar, a narina da alma humana. É corpo fechado mesmo!

Deus é maior, mas, presta atenção, *fio*, quem faz o *trabaio* de proteção é *vosmecê* mesmo. Entregar na mão de qualquer pessoa o seu futuro é deixar de ser responsável. Nem a Deus nós devemos entregar o futuro. Devemos, sim, contar com Ele no futuro, sempre.

Em relação a isso, peça tudo que os *fios quiser* pra Deus. Converse com Ele. Deixe de pensar, por alguns momentos, que Ele sabe de tudo que precisamos e passe a conversar mais com o Pai.

Essa postura de criar uma nova relação com nosso Pai é uma fonte transformadora de nossas energias e destrava a nossa vida. Experimente! Converse com Deus!

Capítulo 2

Emoções tóxicas e obsessão

"Definitivamente, se tem algo que realmente não ajuda em nada a nossa vida é atrair a malquerença que poderíamos ter evitado. A energia do mal deve ser sempre iluminada, em qualquer situação, pela gentileza e pela misericórdia."

Os espíritos do mal usam pequenos aparelhos eletrônicos de circuito integrado, chamados *chips,* para controlar, agravar, estimular e adoecer as pessoas. Esses aparelhos só podem ser implantados para prejudicar quando existe uma dor emocional não curada.

A maldade só pode ser produzida onde encontra fecundidade e consegue proliferar apenas onde encontra terreno fértil. É preciso um estado emocional para que haja obsessão e inimizade espiritual.

Aqui nos planos espirituais de onde *nego véio trabaia,* tem estudo muito profundo sobre quais são os estados de sentimento que permitem aos adversários do bem colocarem magia, aparelhos, *chips* e outras *buginganga* no corpo dos *fios* na matéria.

Existem cinco estados mais comuns que desprotegem o ser humano e o tornam energeticamente vulnerável:

1. Onde tem a culpa que adoeceu no remorso, há um ambiente próprio para receber o implante do não

merecimento. Esse *chip* mantém as pessoas pobres de pensamento, com uma mentalidade de fragilidade perante a vida, apáticas para desenvolverem metas, *bloqueiando* a energia da prosperidade que atrai coisas boas e boas relações. O remorso é um estado energético centrífugo, que desconecta o chacra solar da relação saudável com os demais chacras, deixando de aspirar forças novas. Com esse processo, o chacra se abre para puxar o que está no ambiente. Há uma enorme perda de energia vital quando se está remoendo culpa. O chacra solar é como o nariz da alma, a aura é como o pulmão, e o ectoplasma é como o sangue. Com o nariz entupido de culpa, a aura entra em colapso e o ectoplasma se contamina das energias do ambiente e de outras pessoas.

2. Onde tem a tristeza que adoeceu em revolta, a criatura fica apta para receber em seus corpos sutis o implante da depressão. A revolta é um estado de aspereza perante a vida, é a inaceitação da existência, uma recusa da realidade. Essa emoção ataca o chacra esplênico com movimentos de contração e expansão muito agressivos ao chacra cardíaco, razão pela qual surge a angústia, que é como se fosse uma pane no motor dos sentimentos, um incêndio. A angústia queima. O esplênico é o filtro da alma e, quando não funciona bem, possibilita baixa imunidade energética e física, favorece o olho gordo.

3. Onde tem o medo que adoeceu na ansiedade, cria-se o movimento centrípeto, contrário ao da culpa, mas que ataca o mesmo chacra, o solar. O medo é uma energia que afasta e isola a criatura de uma relação

harmônica com seus sentimentos mais profundos. O estado de ansiedade é como um ímã, que puxa o que tiver por onde passar a criatura, formando um ducto propício aos feitiços e magias.

4. Onde tem o orgulho que adoeceu na arrogância, a aura fica suscetível à implantação de aparelhos de contaminação e de domínio mental. O chacra mais afetado é o frontal, principal fonte de atração das energias de entidades espirituais. O estado de arrogância "inverte" a rotação desse chacra, criando as chamadas miragens da personalidade ou vaidade. Seu campo de ação energética interfere decisivamente na construção ou na erradicação de doenças severas.

5. Onde tem raiva que adoeceu na mágoa, os espíritos do mal encontram um tipo de energia parecida com um visgo. É a raiva que se acumulou e, em mutação, forma uma gosma de energia. A raiva é o sentimento mais conectado com nossa proteção, mas, quando se transforma em mágoa, está sendo mal orientada para fora de si. A mágoa desequilibra o chacra laríngeo, que é o núcleo de expressão dos sentimentos, causando profundos danos a todo o sistema imunológico físico.

Culpa, tristeza, medo, orgulho e raiva são emoções que, quando usadas para os fins naturais, podem ser terapêuticas e libertadoras. Já os estados emocionais de remorso, revolta, ansiedade, arrogância e mágoa, decorrentes da ausência de habilidade para gerir essas emoções de forma luminosa, são sentimentos tóxicos e nocivos à saúde e à proteção psíquica e energética.

Zanfio, fica de olho, porque as emoções são boas, ajudam no autoconhecimento. Já os estados... são crônicos, desgastantes e fontes de muito mal no caminho das experiências.

Quando não se sabe o que fazer com o que se sente, é preciso pedir ajuda, entender melhor a si mesmo e caminhar no processo de educação interior para colocar mais luz onde as trevas querem tomar conta.

Capítulo 3

Remédio energético[1]

"*Na natureza, encontramos fontes abundantes da nutrição energética necessária ao equilíbrio e à saúde do corpo e da alma. Habitue-se a uma relação mais assídua com essa riqueza de Deus que está inteiramente à nossa disposição gratuitamente.*"

---

[1] A mensagem original, com conteúdo similar, refere-se à Pomada da Esperança, um remédio energético desenvolvido por orientação de Pai João de Angola. Mais informações em: <http: //www.ermance. com.br>.

$\mathcal{A}$ função terapêutica do remédio energético espiritual é o alívio de dores, através da limpeza astralina, com resultados nos sistemas orgânicos do corpo físico.

A mente humana, devido a fatores da vida moderna, perdeu uma parcela expressiva de seu poder de autorregulagem, tornando-se menos capaz de harmonizar a vida mental e celular com o amor.

A autorregulagem é feita por meio do metabolismo mental, absorvendo nutrientes ou excretando as toxinas de natureza etérica. Muitas doenças na atualidade são causadas pela agregação de "energias coaguladas" ou bolsões energéticos, que são como "fibroses", bloqueando o dinamismo quântico dos corpos espirituais em busca de seu próprio equilíbrio.

Temos, assim, os núcleos vibratórios propícios à agregação da mais variada classe de focos doentios, tais como: proliferação de larvas astrais; infecção da aura; purgação energética contínua; acoplamento de elementos vivos de magia, incluindo aparelhos parasitários; mau-olhado; acúmulo de matéria mental mórbida, proveniente de sentimentos repetitivos; acúmulo de matéria mental da angústia, em função do estado crônico de insatisfação; acúmulo de matéria fluídica infecciosa, decorrente do uso de medicações alopáticas; formação de coágulos nos chacras, que podem ser comparados ao colesterol maligno; alterações na constituição da composição da aura, em função dos predadores naturais presentes nos ambientes cujo campo espiritual é de baixa frequência; e formação de ideoplastias autônomas[2], que produzem o campo mento-energético de desvitalização. Tais ideoplastias consomem o que podemos relacionar à "hemoglobina da vida mental", elemento que transporta o fluido vital de todos os corpos.

Esses focos doentios podem causar os mais severos quadros de adoecimento conhecidos na Terra, desde o corpo mental inferior até o corpo físico, perturbando a circulação harmônica dos chacras e, assim, limitando a habilidade de nutrição saudável da vida mental.

Para ajudar a combater esse adoecimento, existem os remédios energéticos espirituais, que contêm essências curativas de esferas elevadas. Sua propriedade principal é a higiene dos corpos sutis, provocando o consequente expurgo das colônias de micro-organismos da fauna e da flora microscópica, degenerativos da saúde.

---

[2] São formas-pensamento repetitivas e antigas mantidas pelo indivíduo, as quais adquirem uma autonomia capaz de agir como se fossem "mentes" obsessivas.

A função terapêutica espiritual saneadora traz inúmeros benefícios, tornando-se um aporte "vitamínico" que oferece alívio e sensação de leveza. É como uma assepsia de profundo alcance, de forma que a mente prossiga com mais vitalidade o processo lento de harmonização do conjunto dos corpos sutis, com evidentes reflexos na vida corporal e no estado mental.

Na medicina da alma, o princípio da prioridade é fundamental. Em uma comparação, seria como perguntar: Como orientar um cérebro, sendo que o estômago está vazio? Como tratar uma ferida sem limpá-la? A prioridade para corpos doentes é o alívio. E alívio significa tirar o excesso para encontrar o essencial. Descartar a sobrecarga para tornar possível carregar o que se precisa.

Saúde, em se tratando de casos agudos ou crônicos, deve ser cuidada com sabedoria, para não incorrermos em atitudes agressivas, que podem agravar ainda mais o equilíbrio desejável. Em nosso plano, usamos com frequência tais unguentos, que servem como verdadeiros e seguros termômetros da natureza, para delinear a continuidade dos tratamentos.

Capítulo 4

Abrir os caminhos da vida

"A mudança de sua vida começa na forma como você pensa sobre si mesmo e na forma como você sente tudo aquilo que faz."

*F*io de Deus, todo caminho da vida, para ser aberto, solicita mente e sentimentos abertos.

O que mais entrava os caminhos de nossa vida não são os outros, mas sim nossas imperfeições.

O que mais impede a luz de chegar aos nossos destinos não é a inveja alheia, mas a nossa preguiça de construir e desenvolver os valores nobres que todos temos.

O que mais segura nossos passos na direção do sucesso não é a competência alheia, mas as algemas de desvalor que colocamos nos braços da nossa capacidade pessoal.

O que traz mais obstáculos aos caminhos da existência é o descuido com que muitos de nós nos conduzimos perante as responsabilidades a que somos chamados.

É dentro, e não fora de nós, que se encontram as pedras que edificam barreiras e limitações em nossos caminhos, *muzanfio*s queridos.

Ter a mente e os sentimentos abertos significa repensar o que temos feito perante a vida, de forma que a nossa vida possa ser aquilo que queremos dela.

Quem fica muito preocupado com a macumba que o outro pode fazer para lhe prejudicar mal sabe, ou não quer admitir, que o maior "macumbeiro" de nossas vidas somos nós mesmos.

Portas trancadas e caminhos fechados são as vibrações de inveja, desânimo, medo e revolta que cultivamos no campo emocional e que impedem a passagem das boas energias do bem e do amor.

Vida trancada é a couraça vibratória que criamos diariamente com as posturas enfermiças.

Quando não queremos ver o que precisa ser reciclado em nós, as vibrações de fechamento formam uma espessa camada de energia tóxica, a qual passamos a carregar, amarrando os caminhos e desaproximando o bem e a luz de nossas estradas.

Abra seu coração, *fio*, peça ajuda.

Abra sua mente, pense diferente.

Abra sua vida, mude de conduta.

Ilumine sua mente, ore ao Pai Criador.

A maior insanidade humana, já dizia Einstein, é querer resultados diferentes fazendo as coisas todos os dias do mesmo jeito.

"Não pode a árvore boa dar maus frutos; nem a árvore má dar frutos bons."[1]

Acredite em *vosmecê*. Acredite na força superior que Deus depositou em seu íntimo. Não existe ninguém desprovido de valor. Acredite e seja feliz.

Deus te guardará todos os caminhos e nunca *sentirá* abandono e desproteção enquanto mantiver sua crença firme na luz e no bem.

---

[1] Mateus 7:18.

Capítulo 5

Médium na umbanda ou no espiritismo?

"Não é a religião que torna o homem feliz, mas sim o amor, a vida em sintonia com o bem. Religião é caminho. Ser melhor é a meta."

$\mathcal{E}$ uma *fia* falava a *nego*: "Pai João, eu frequento o centro espírita, mas também frequento a umbanda. Gosto da umbanda, mas lá tem coisas com as quais não concordo. Não consigo me decidir em qual vou trabalhar mediunicamente...".

Na dúvida, *muzanfia,* faça a opção pelo amor até encontrar seu caminho.

Seja médium da bondade para aqueles que passam por seu caminho.

Seja médium da brandura ante aqueles que se equivocam.

Seja médium da tolerância para aqueles que tombam no excesso.

Seja médium da paciência para aqueles tantos que não conseguem atender-lhe as expectativas.

Mediunidade é luz que vem de dentro e espalha seu clarão por meio de ações e palavras, de pensamentos e sentimentos.

Pouco importa onde a *fia* estiver, pois o amor não tem tempo.

Antes de decidir, ame.

Quando decidir, ame também.

Depois de decidir, ame ainda mais.

O amor deve estar sempre em expansão.

Sem amor, nossa capacidade de decidir fica comprometida pelas imperfeições que ainda carregamos.

> "Nem todo o que me diz: Senhor, Senhor! entrará no reino dos céus, mas aquele que faz a vontade de meu Pai, que está nos céus."[1]

Jesus não diferencia umbanda, espiritismo, catolicismo ou religião evangélica. Para Ele, são apenas salas de aula, na universidade da vida, que tem como único propósito lecionar as preciosas lições que vão nos libertar perante a própria consciência.

Não é a religião que torna o homem feliz, mas sim o amor, a vida em sintonia com o bem. Religião é o caminho. Ser melhor é a meta.

---

[1] Mateus 7:21.

Capítulo 6

Dar passagem aos espíritos

"Escute seus sentimentos! Neles encontram-se os recados profundos da alma, que solicita sempre aquilo que é o melhor para nossa vida. Aprenda a ouvi-los. Eles são o espelho sagrado no qual se refletem todos os comandos da nossa consciência. E nossa consciência é Deus em nós."

E que louvado seja Jesus, *muzanfios*! Que a benção de Deus caia sobre *vosmecês* e seus lares.

Os *fios* querem saber por que não conseguem se comunicar ou dar passagem pros espíritos? *Nego véio* fica feliz com a pergunta.

Nego véio vê que tem muitos filhos na Terra, os condutores das reuniões, que pedem pros médiuns *deixar* os espíritos falarem, mas isso não acontece. E o que trava a língua deles?

É medo. Medo de errar, de não ser autêntico, de ser criticado; medo da inveja. São muitos medos.

No fundo, meus *fiinhos* queridos, existe o medo dos seus próprios sentimentos.

Quem tem medo de errar toma contato com o sentimento de falibilidade. Sentir-se falível, experimentar a frustração, ter de admitir que não realizamos da melhor forma a tarefa a nós delegada é muito doloroso.

Quem tem medo de não ser autêntico encontra-se com sua hipocrisia. Ao perceber esse estado, pergunta-se sobre o que é e o que não é seu, se está mascarando algo para obter vantagem moral, se está mentindo a favor de interesses particulares.

Quem teme a crítica se depara com seu orgulho. O orgulhoso raramente consegue separar uma crítica feita ao seu trabalho de uma reprovação à sua pessoa e, por isso, precisa realizar um encontro com seu processo de amadurecimento da autoestima.

Quem tem medo da inveja tenta esconder-se de sua própria vaidade. Não ter do que se envaidecer torna a vida sem sal, sem graça. Há quem não deseje a vaidade para não ter de topar com a inveja alheia, que seria penosa à estima pessoal.

A proposta cristã não ensina a negar sentimentos, mas sim a iluminá-los, para que tenham a direção correta na evolução. Sem a luz da consciência, os sentimentos permanecem na sombra, causando retenção de talentos, perturbação e dor.

Antes de dar passagem aos espíritos, os *fios* precisam aprender a dar passagem aos seus próprios sentimentos, pois os mais atemorizantes sentimentos guardam profundos aprendizados a respeito de nós mesmos e de quem nós somos verdadeiramente.

Como captar pela mediunidade outro ser, rico em diferenças, sem termos uma noção muito lúcida sobre a nossa realidade particular?

Os dirigentes precisam aprender a orientar os médiuns a "receber" ou a "incorporar" seus próprios sentimentos para que, depois, eles possam acolher espíritos em seu campo mental e afetivo, aliviando-os no colo da mediunidade. Os médiuns devem acolhê-los com naturalidade, sem medo do que vão viver nesse intercâmbio.

Educação mediúnica é, antes de tudo, um trabalho de educação emocional para melhor servir e melhor se conhecer. Se houver rigidez a respeito das manifestações afetivas, haverá rigidez mediúnica. Como diz Pascal:

> "A rigidez mata os bons sentimentos; o Cristo jamais se escusava; não repelia aquele que o buscava, fosse quem fosse: socorria assim a mulher adúltera, como o criminoso; nunca temeu que a sua reputação sofresse por isso."[1]

Não existe nenhum sentimento que não deva ser sentido no trabalho do Cristo. Médiuns, permitam a passagem de seus sentimentos!

Jesus Cristo os abençoe, *muzanfios*.

---

[1] *O evangelho segundo o espiritismo*, capítulo 9, item 12.

Capítulo 7

Dependência emocional: a pior doença energética

"*Autonomia é a capacidade emocional de sustentar seus próprios sentimentos. Quer ser respeitado e fortalecer sua estima pessoal? Administre bem suas culpas, suas perdas, seus medos, sua tristeza, suas vitórias e seus fracassos.*"

anfio do coração, hoje *nego* quer falar pra *vosmecê* sobre a conduta que mais fragiliza energeticamente o ser humano: a dependência emocional.

Jesus ensinou sobre isso, dizendo assim:

> "Não ajunteis tesouros na terra, onde a traça e a ferrugem tudo consomem e onde os ladrões minam e roubam; Mas ajuntai tesouros no céu, onde nem a traça nem a ferrugem consomem e onde os ladrões não minam nem roubam."[1]

Existem mesmo muitos ladrões e traças na vida energética. A forma como é construída uma relação humana determina o grau e a natureza da troca de energia que haverá entre as pessoas.

Analisemos três níveis de relacionamento que abrem as portas para processos de vampirismo energético entre humanos:

---

[1] *Mateus* 6:19-20.

Existem as **relações invasivas**, marcadas por desrespeito à vontade e à escolha alheia. Nesse tipo de relação, é a nossa prepotência de supor o que é melhor para quem amamos que sobrecarrega a convivência com atritos e desgastes desnecessários.

Existem as **relações tóxicas**, que são aquelas nas quais o modo invasivo tornou-se uma rotina, adoecendo o relacionamento com ciúme, inveja, maus tratos e muita dominação, tornando as relações pesadas e possessivas.

E existem as **relações destrutivas**, que são formas de troca violentas e infelizes, as quais podem chegar à agressão física e à exploração do outro em todos os sentidos possíveis.

Em quaisquer desses níveis de relações sociais, há a presença do vampirismo energético, que produz doenças, contrariedades, abusos, vícios, manipulação, prisão e morte.

Diante desses quadros de enfermidade, deparamo-nos com uma questão essencial: As pessoas ficam muito preocupadas com quem lhes retira energia ou lhes faz algum mal por meio de magia, olho gordo, disputas e outras maldades enquanto deveriam questionar como elas próprias abrem as portas para que essa maldade do outro as atinja.

Cada um de nós é responsável pelo que acontece a si mesmo. Quando há esse exame das causas da perda energética do lado de fora, estamos agindo como se não fôssemos responsáveis pela nossa vida e, ao mesmo tempo, dando poder a outras pessoas para dirigir nossa existência.

Sabe por que outra pessoa lhe rouba a energia? Porque *vosmecê* lhe concede a chave para abrir a porta de sua vida interior e lhe permite ser invasiva, tóxica e destrutiva. E *vosmecê* faz o mesmo com muitas pessoas, porque tem dependência emocional em relação a elas.

Vamos registrar algumas frases típicas de dependência emocional: "Se meu filho morrer, eu morro com ele."; "Você é a pessoa mais importante da minha vida."; "Eu não sou capaz de viver sem você."; "Se eu disser não a ele, me sinto muito culpado."; "Só sou feliz quando ele(a) está comigo.".

Os opressores usam o seu medo, a sua culpa, o seu ciúme, a sua limitação em se impor para tirar proveito.

Quando você entrega a alguém o direito de ser mais importante que você mesmo, sua vida está desprotegida.

Sem estima pessoal sólida, sem autoamor, a aura fica aberta às influências da vida. Seu campo vibratório fica com baixa imunidade, vulnerável às piores situações, atraindo o pior em cada lugar por onde você passa.

Tome conta de todos os seus sentimentos como um patrimônio de raro valor em sua vida e não permita a ninguém ajuizar sobre o que cada um deles significa para o seu crescimento. Quem constrói autonomia garante a autoridade sobre sua própria vida e dispõe de força moral legítima para ser um motivador do progresso alheio e do bem de todos.

Fomos criados por Deus com recursos para sermos completos, independentes de outro ser da nossa raça. Mesmo com esse propósito celeste, por meio da vida em sociedade, co-operamos uns com os outros no desenvolvimento desses embriões de perfeição depositados na alma de cada um de nós. A finalidade da vida social é nutrir, ampliar, somar[2], e não desmerecer ou roer como traças nem roubar como ladrões.

O autoamor é o espaço interior a que Jesus se refere para guardarmos as nossas maiores preciosidades contra ladrões de forças e traças que deterioram as esperanças.

O autoamor é como um cofre protetor de segurança máxima, capaz de resguardar os nossos valores íntimos da loucura e da maldade alheia. Precisamos ter o segredo desse cofre bem guardado, sendo nós mesmos os únicos a saber como acessá-lo.

O autoamor é preservação, autonomia, independência e expressão do amor legítimo. Muitos de nós, que dizemos amar as pessoas com as quais criamos uma dependência emocional, temos de repensar muito esse amor que afirmamos, porque é lei da vida que, para amarmos o semelhante com o nosso melhor, é prioritário uma relação de amor conosco mesmo.

Quando dizemos amar sem aplicarmos amor a nós mesmos, na maioria dos casos, estamos projetando o nosso lado carente, medroso, possessivo e instável em alguma

---

[2] "Homem nenhum possui faculdades completas. Mediante a união social é que elas umas às outras se completam, para lhe assegurarem o bem-estar e o progresso. Por isso é que, precisando uns dos outros, os homens foram feitos para viver em sociedade e não insulados." *O livro dos espíritos*, pergunta 768.

pessoa, para que ela tome conta de nossos sentimentos e se responsabilize pelo que achamos que não somos capazes de cuidar. Nesse quadro, o sentimento de amor fica contaminado pelas doenças da sombra interior.

Os *fios* ficam muito preocupados com a atuação de espíritos, que fazem com que os seus corações fiquem sofridos de amor, mas a verdade é que os espíritos já não estão aguentando as traquinagens emocionais às quais muitos se submetem. Ficam preocupados em saber quem são os ladrões e as traças que lhes roubam e atrapalham a vida do lado de cá, mas não são capazes de gerenciar suas próprias emoções.

Estimem-se, meus *fios*! Valorizem suas vitórias. Concedam-se o direito de ser feliz. Parem de mendigar o amor alheio. Façam-se merecedores de pessoas melhores. Limpem de suas mentes as ideias infelizes de que precisam aguentar alguém para serem felizes. Não tenham medo de serem rejeitados.

Quando nos amamos, atraímos as pessoas que merecem nosso amor. No entanto, se formos nosso próprio inimigo e nos tratarmos com negativismo, atrairemos apenas pessoas do mesmo teor de energias enfermas.

Capítulo 8

Visita entre religiosos no Hospital Esperança

"Quem vive para agradar aos outros está construindo um campo de atração para a ruína, a enfermidade e a depressão."

*N*as tarefas de tratamento para religiosos no Hospital Esperança, são inscritas aquelas pessoas que tiveram problemas graves com o preconceito, enquanto no corpo físico. *Nego* estava participando de uma turma de trinta e cinco pessoas como colaborador de educação.

Imaginem que experiência é essa: evangélicos visitam centros espíritas. Umbandistas pregavam para católicos em suas igrejas. Já pensaram, *muzanfios,* uma assembleia da Igreja Evangélica bem rigorosa ir assistir a uma sessão espírita para desenvolver o sentimento de fraternidade?

Chegou o dia para aquela turma de trinta e cinco alunos fazer a tão esperada visita a outro templo religioso com fins educativos e de tratamento.

A escolha do templo era feita pelos facilitadores depois de uma minuciosa pesquisa a respeito de quais correntes poderiam trazer melhor aprendizado àquele grupo. Foi escolhido, na ocasião, o templo umbandista. Havia três espíritas no grupo de trinta e cinco estudantes, entre eles, Anésia, líder espírita influente em um estado do sul do Brasil. Antes de começar a visitação, ela procurou a facilitadora Julinha e expôs:

— Estou tomada por uma enorme tensão por conta dessa visita.

— Acalme-se, Anésia. Deus tem caminhos novos para você.

— Eu confesso que tenho receio de sair correndo de lá.

— Vamos lá?

— Seja o que Deus quiser!

A equipe visitante daquela oportunidade participaria de uma gira de caboclos[1] e foi recebida com carinho pelo Pai Zequinha às portas do templo umbandista. A casa estava lotada. Era um templo de proporções medianas, que abrigava duzentas e cinquenta pessoas com conforto.

A gira começou, e os atabaques rufaram ao som de um ponto de Oxossi[2]. Médiuns vestidos de branco dançavam de forma rítmica. Após a dança dos médiuns, de uma pequena porta coberta por um véu, saíram os caboclos. Tinham a pele muito vermelha e cocares de cor verde limão que irradiavam uma luz muito intensa.

Os atabaques pararam, e entrou a comandante da gira noturna. Era a cabocla Jurema, que cumprimentou a todos no seu típico palavreado:

---

1 Gira de caboclos: reunião de louvor aos caboclos.
2 Ponto de Oxossi: músicas cantadas para o orixá (divindade) Oxossi.

— *Esse que esses fios* aqui, para todos esses *fios* que louvado seja Deus! Essa cabocla veio *buscá fios* de *pemba* (trabalhadores da umbanda) que tão sem rumo nas fileiras da vida. *Buscá fios* que largaram da luz para a sombra do preconceito. *Esse que essa* cabocla Jurema veio e salve *todos os caçador* de Aruanda!

De repente, Jurema parou em frente à Anésia, olhou fundo em seus olhos e disse:

— *Esse que essa fia* é minha protegida!

— Sou mesmo cabocla? – respondeu Anésia timidamente.

— A *fia* já acendeu lume (vela) com minha mão no terreiro e sentiu uma *fé* que esqueceu no tempo. *Esse que* essa *fia* é minha protegida de *pemba. Né* verdade *fia*?

— Sim, é verdade, Jurema. Eu me lembro disso.

— E a *fia* não vai voltar pra tenda de axés (casa umbandista) de onde saiu?

— Como assim, Jurema?

— *Óia* aqui bem fundo no ôio de Jurema, *fia*.

Anésia fixou seu olhar no olhar da cabocla, que disse em voz firme:

— Anésia foi *fia* fraca de vontade. Mudou de religião pra fazer vontade de marido turrão. Seu marido prendeu sua vontade, *fia*. Cabocla fala verdade, *fia*?

Anésia ficou sem graça com a fala e, sem saber explicar a razão, caiu em choro compulsivo, dizendo descontroladamente em voz alta:

— Eu amo a umbanda, eu amo os caboclos, eu amo o atabaque, eu amo esse lugar, não me tirem daqui, não me tirem daqui nunca mais...

A cabocla, nessa altura da catarse de Anésia, pegou-a pela mão direita e rodopiou-a no próprio eixo do corpo por várias vezes, e Anésia, assumindo outra fisionomia, com gestos rápidos, começou a correr em disparada pelo salão, tão rápido que começou a volitar, formando uma cortina de cor verde em torno de seus movimentos. Sob os aplausos dos caboclos presentes, todos saudaram em uníssono: Òkè Aro! *Arolé!* (saudação a Oxossi) e *Oké* caboclo!

São as coisas do mundo dos espíritos, *muzanfios*. Contando assim, parece até ficção, né, *fio*?

Anésia guardava na alma uma frustração não resolvida de mais de quarenta anos. Havia sido umbandista quando jovem. Casou-se com um espírita devotado que lhe incutiu a ideia de avançar na sua caminhada espiritual, largando a umbanda, que, na concepção dele, era uma religião bem atrasada em relação ao espiritismo.

Passados dois anos de sua retirada dos serviços de incorporação e da eliminação forçada de vários rituais que sustentavam sua fé vigorosa, Anésia tombou em depressão. Nunca mais foi a mesma mulher alegre e disposta. Teve sua vontade, sua escolha e seu desejo sufocados pela vontade do marido "mais esclarecido". Queimou uma etapa, desrespeitando sua caminhada evolutiva.

Por longos anos, insistiu em voltar para a umbanda, pois recebera vários recados de pais de santos e de médiuns dizendo que sua depressão tinha como causa o seu afastamento dos serviços e dos rituais.

Anésia não se respeitou, não viveu o que precisava e preferiu escutar a voz de quem lhe compartilhava a sagrada tarefa do lar. Sua frustração, seu vazio interior em função de abandonar aquilo que lhe conectava com seu Deus interior, com sua fé profunda e sólida, abriu campo para a dor da revolta muda. A depressão tirou o brilho dos últimos dias de Anésia.

Ali, naquela visita, ela resgatou seu propósito, sua verdade, seu mapa único e intransferível, que ninguém, por mais que a amasse, teria o direito de alterar a rota, seja por qual motivo fosse.

Anésia se tornou umbandista novamente do lado de cá da vida. Deverá renascer mãe de santo, com amplos compromissos no bem e na caridade.

O que *nego véio* fica às vezes pensando e *num* sabe se vai acontecer é o que vai dizer o *fio* marido dela quando chegar do lado de cá e vê-la paramentada de sinhá mãe de santo... (risos).

Capítulo 9

Acolha seus obsessores com muito amor

"O afeto e a gentileza são como a camada de ozônio da alma, que a protege contra os raios destrutivos da insensatez alheia."

*T*oda vez que oramos para afastar um obsessor de nós, na verdade, criamos uma reação e, energeticamente, oferecemos campo para maior aproximação. O efeito é contrário ao desejado na oração.

Se os encostos (obsessores) ou os espíritos das trevas estão, de alguma forma, atraídos para a vida dos meus *fios*, então, tudo isso está obedecendo a uma lei maior, que é o encontro das necessidades com o merecimento. Há laços, leis e contextos regendo essa proximidade, que nem sempre pode ou deve ser rompida imediatamente.

Toda vez que há uma sintonia e um espírito se aproxima para prejudicar ou tornar a vida de meus *fios* mais tormentosa, chamamos isso de pressão, ou seja, a força que vem de fora para dentro da vida mental.

E toda vez que os *fios* cedem à pressão e escolhem sentir e viver do mesmo jeito que a entidade propôs, então se estabelece a obsessão, com uma força de dentro para fora da vida mental.

Pressão todos vamos sentir nessa Terra de Deus. Já a obsessão, depende. Depende da escolha, da postura, do interesse e da intenção dos *fios*.

Querer afastar a entidade pela prece é atraí-la para mais perto. É por isso que muita gente não se sente bem depois de uma oração mal orientada. O obsessor que mora na mente com *vosmecês* não pode ser expulso; ele tem que ser amado, tem que ser acolhido.

O desejo de ficar livre de sua atuação com asco e rejeição só o atrai ainda mais. Quem ora para ir embora amarra. Quem acolhe com amor liberta.

Quem rejeita seus obsessores como se nenhuma responsabilidade tivesse para com eles está desprezando os frutos da própria plantação e querendo ignorar a colheita a que todos seremos submetidos diante das leis sábias e justas da vida.

Então, vamos fazer a prece adequada para que os *fios* entendam bem o que *nego* quer dizer.

> "Pai de bondade. Estou me sentindo pesado. Sinto que, além das minhas deficiências, ainda estou atraindo a dor e a doença de outros corações.
>
> Então, Senhor, já que estou como enfermo carregando vários outros, venho te pedir por todos nós.
>
> Vós que sois o Médico divino no trato das nossas enfermidades, escuta nosso clamor.

Quero esquecer a minha dor e a minha necessidade por um minuto que seja e acolher, com todo o amor que tenho, essas almas que, por alguma razão justa e necessária, encontram-se juntas comigo.

Banha-nos a todos na sua energia de paz. Eu penso nesse instante como se cada um de nós estivesse em vários leitos e de mãos dadas, suplicando Seu bendito amor e bondade.

Senhor, tem piedade de nós! Se estamos juntos na condição de enfermos da alma, é porque somos mendigos do Teu amparo.

Eu os acolho com afeto e suplico Teu colo para todos nós.

Assim seja!"

Capítulo 10

"Magia" dentro de casa

"Pressão espiritual vem de fora e faz parte da vida. Obsessão, no entanto, vem de dentro, nasce na mente e no campo afetivo. A pressão é como se alguém batesse na porta da nossa vida para nos persuadir a fazer o que não nos convém, a obsessão é quando abrimos essa porta."

𝓟arece um delírio mesmo, viu, *zanfio*!

Quando não se tem consciência da vida energética e emocional, tem *fio* que acha que tudo de ruim que lhe acontece é magia que fizeram contra ele. Isso é delírio, doença mental de mania de perseguição.

Para algumas pessoas, tudo é magia!

Tem dor de cabeça, seguida de confusão, é magia.

Tem *cambureco* (filho criança ou rapaz) com problema, é magia.

Tem empregada que abandona, é magia.

Tem sono curto e problema de relacionamento, é mais magia que fizeram contra.

Sente maldade de alguém, é porque tem alguém contra fazendo magia.

É, *muzanfio!* Mania de magia! Magia vira mania!

Nego véio não quer tirar a crença de *vosmecê* em magia. Isso existe mesmo, é muito forte e tá pegando pra valer em muita gente.

Nego num tá falando disso. Tá falando daqueles espíritos infantis que parecem não ter nenhuma responsabilidade com o que lhes acontece e usam a desculpa da magia.

Eles não assumem seus sentimentos, suas condutas, suas escolhas e seus pensamentos. É como se isso não existisse e, por isso, não respondem por si mesmos. Tudo é magia. Tudo vem de fora.

É como se o que acontece por dentro sempre fosse causado pelo que vem de fora. Segundo a forma de entendimento dessas pessoas ainda imaturas emocionalmente, nada nasce de si mesmas.

Mania, magia, fuga! Mania de fugir!

São indivíduos infantis, tomados pelo chamado pensamento imaginário (pensamento mágico da Psicologia), uma forma ilusória de relacionar acontecimentos e suas causas.

Por conta dessa importância dada à magia, muitas pessoas adotam crendices e superstições em sua vida, afastando-se da compreensão da sua realidade emotiva e energética. Essas pessoas são capazes de emprestar força a um amuleto ou a um sacerdote, terceirizando sua evolução. Acabam sendo aprisionados por aquilo que criam em torno de seu modo de pensar.

Pessoas assim são uma ótima fonte de renda para muitos exploradores da religião, que nunca encerram os ciclos de gastos financeiros, afirmando que é lenta a solução da magia brava feita contra essas pessoas.

O poder que adquirem as coisas de fora depende da forma como pensamos sobre isso.

Todos os dias, lidamos com a magia. Todos os dias somos "magiados" e "desmagiados". Todos os dias, somos alvos de olho gordo e emitimos olho gordo. Magia faz parte da vida. Existe magia do bem e magia do mal.

Amuleto tem força sim. Pai de santo tem força sim. Mas o que faz a diferença é como os *fios* se relacionam com a magia que vem de fora. É importante entender que o que vem de fora **tem** poder e o que vem de dentro é o poder.

Magia é movimentação de forças, intencional ou não, a favor ou contra alguém, nascendo da força mental de uma pessoa e podendo ser dirigida a outra por meio de endereços vibratórios (objetos da pessoa que vai ser alvo de magia).

Pai João vai contar um *causo* pra *vosmecê*.

Dona Terezinha chegou ao centro para conversar com *nego*, pedindo ajuda:

— Pai *véio*, tem algo de ruim contra mim. Eu estou sofrendo com muita magia, meu velho. Imagine o senhor que em uma semana meu cachorro adoeceu e gastei as reservas do mês com remédio. Meu marido, que não bebe há uns três anos, chegou bêbado em casa. Meu filho menor não consegue dormir, e eu estou desanimada até de trabalhar. Tem alguém fazendo coisa das bravas pra mim, meu pai.

— Tem mesmo, *fia*.

— Ah, eu sabia. E o senhor pode me falar quem foi e como desfazer isso?

— Oh, *fia*, a vida é assim: *nóis tem* que seguir o fluxo, né, *fia*? Deixar correr. O que é da gente ninguém vai pôr a mão. Mas a gente tem que respeitar também o que é dos outros, né, *zanfia*?

— Não entendi muito bem, meu pai. O senhor pode me explicar?

— Posso, *fia*. *Vosmecê* pensa que tem magia contra *vosmecê*, né, *fia*? E já parou para pensar quem pode tá fazendo isso?

— Eu desconfio.

— De quem a *fia* desconfia?

— A invejosa da dona Zizinha. Ela é macumbeira de mão cheia.

— E por que a *fia* ia fazer magia contra *muzanfia*?

— É só uma desconfiança. Não tem nenhum motivo, não.

— Mesmo, *fia*? A *fia* fez alguma coisa de errado contra ela?

— Não! Que isso, pai? Eu sou uma pessoa boa demais. Ela é que é muito invejosa.

— E o que ela inveja em *vosmecê, fia*?

— Sabe como é, não é, pai? Deixe eu te contar. Ela tinha uma empregada muito boa de serviço e lá na casa dela é só ela e o marido. É uma preguiçosa. E teve um assalto grande na casa dela. Ela ficou com uma mão na frente e outra atrás. Não pode nem pagar mais a moça, sabe como é?

— Sim, *fia*. Sei!

— E, então! Aí eu ofereci um salário bem maior para a empregada dela vir trabalhar comigo, que tenho muito mais trabalho que na casa dela, sabe?

— Sei, *fia*. Sei!

— Só que eu percebi que ela achou ruim e, hoje, conversando com ela de manhã, vi que ela está morta de inveja de a moça vir trabalhar comigo. Eu nem fiz muita força, sabe, Pai João. Eu apenas encontrei a moça na feira e brinquei. Falei que um dia eu sonhava ter ela na minha casa, de tão boa que é de serviço. Só brinquei, sabe?

— Sei, *fia. Nego véio* sabe tudo, *fia*!

— E ela acabou vindo mesmo. Agora é minha empregada e eu tenho tempo para outras coisas, graças ao bom Deus!

— Entendi, *fia*. Já entendi. Tem mesmo muita magia na sua casa contra *vosmecê*, *fia*.

— Eu sabia, pai. E o senhor vai me ajudar?

— *Nego* vai seguir o fluxo da vida e vai ver o que pode fazer, tá, *fia*? Mas ajuda não vai faltar pra *vosmecê*.

— Tá bom, meu pai. E o que eu faço?

— Vigia todos os seus tesouros e cuida bem do seu lar, *fia*. E volta aqui depois de uma semana.

— Isso eu já faço, nisso eu sou muito cuidadosa. Só preciso que o senhor tire essa magia lá de casa, pelo amor de Deus.

— *Nego* vai seguir o fluxo da vida, *fia*.

Daí a uma semana, a *fia* Terezinha voltou mais abatida e disse:

— Pai João, eu estou aqui porque acredito muito no senhor, mas estou arrasada!

— Que aconteceu, *fia*?

— O senhor acredita que aconteceu na minha casa a mesma coisa que aconteceu com a dona Zizinha?! Fui levar meu marido e o meu filho no médico e roubaram a minha casa, meu pai! – E a *fia* começou a chorar.

— Fica assim não, *muzanfia* querida. Tudo é lição nessa vida.

— A moça empregada parecia tão boa. E olha no que deu! A dona Zizinha tá pegando pesado com as magias dela meu pai.

— *Fia*, chega de ilusão. É hora de abrir seus olhos. Quando não assumimos a realidade, fazemos uma novela na mente. Com a vida nada disso que a *fia* tá pensando é o que tá acontecendo. Zizinha não fez nenhuma magia para a *fia*. Para com isso!

— Mas na semana passada, quando estive aqui, o senhor disse que tinha magia contra mim!

— Mas não afirmei que foi ela.

— Então quem foi, meu pai?

— Quando não estamos em sintonia com o fluxo natural da vida, *muzanfia*, somos nós os maiores macumbeiros da nossa própria vida. A moça empregada foi quem deu as dicas para os assaltantes limparem a casa de Zizinha. É uma espiã de ladrões. Ela arruma o emprego, orienta os comparsas e desaparece. No caso, *vosmecê* trouxe, com seus sentimentos, a magia para dentro da própria casa. Atraiu as forças da maldade que rondavam seus próprios passos.

— Meu Deus, Pai João! É verdade?

— Agradeça *de* não ter morrido ninguém. Em uma semana da presença dela em sua casa, a energia da maldade adoeceu seu marido, seu filho e seu cachorro. Tudo que ela cozinhava levava essa força tóxica para os vossos organismos. É uma mulher que carrega muito ódio.

— Pai do céu! Ela parecia tão boa! E por que o senhor não impediu?

— Porque esse problema era seu, *muzanfia,* e não de *nego véio.*

— O senhor então não vai mais me amparar?

— Claro que sim, *fia. Nego* fez por onde a *fia* empregada sair de lá bem mais rápido que ela planejava. Ela ia fazer coisa pior ainda com vossa *famia* (família). Essa é minha parte.

— Mas vocês, que são guias, deveriam ter impedido que uma pessoa dessa chegasse até minha casa.

— Bom, *fia,* convenhamos, essa é a sua parte.

Capítulo 11

Proteção emprestada

"*Pense em você como uma rosa desabrochando e exalando o perfume da fé. Através desse ato de espalhar o aroma da fé, você se comunga com Deus, sente a Sua presença e conversa com o Pai dentro de você. Acredite, você é um filho de Deus.*"

$\mathcal{E}$ o *fio* Geraldo chegou ao centro espírita pedindo proteção:

— Pai João, meu colega de trabalho deseja tomar meu cargo. Preciso de proteção, porque, senão, como vou pagar as contas e cuidar dos filhos? O senhor sabe...

— Sei sim, *fio*, sei sim!

— O senhor pode fazer alguma coisa contra esses encostos que me atrapalham no trabalho?

— Sim, zan*fio*, vem cá que *nego* vai te proteger de todo mal – e fizemos uma limpeza nas energias tóxicas do *fio*.

— Agora estou preparado, não é, Pai João?

— Agora o *fio* tá limpo.

— É uma proteção das boas, pai?

— É a que o *fio* merece!

— Eu te agradeço, meu velho.

— *Fio*, tem uma coisinha que *nego* precisa falar.

— O que, meu velho?

— Essa ajuda é um empréstimo de seu anjo da guarda. *Vosmecê* vai ter que pagar parcelado essa ajuda. E a primeira parcela vence rápido, *fio*.

— Em dinheiro?

— Não, *fio*, em humildade e paciência, boa vontade e coragem.

— Ah, Pai João, deixa comigo! As coisas vão ficar como eu espero com a sua ajuda. Sem os encostos, tudo vai dar certo.

E, no dia seguinte, *nego* acompanhou o *fio* até o *trabaio*. Logo na entrada, ele pensou: "Agora eu quero ver esse fulano tirar meu cargo. É com a força de Pai João que eu entro aqui hoje para mostrar quem é mais forte. Sai de retro, encosto do mal!".

Alguns *minutados* (minutos) *despois* que o *fio* entrou, o chefe dele o chamou e disse:

— Geraldo, você sabe que estamos querendo fazer uma mudança aqui na sessão.

— Claro que sei! – falou com prepotência, desafiando o seu chefe com excesso de confiança.

— E estive pensando bem no que seria melhor para o nosso grupo e... – Geraldo nem deixou o homem terminar sua fala.

— Eu já sabia que você iria me dar essa oportunidade de crescer.

— Não, Geraldo, você está enganado. Eu quero substituí-lo na sua função pelo fulano.

— Substituir?

— Sim, Geraldo.

— O que é isso? Um complô?

— Não, Geraldo. É uma decisão da diretoria. Sua ficha vem sendo analisada neste último ano sistematicamente. Você não melhora seu conhecimento. Todos na sessão têm queixas de sua conduta prepotente. Você pediu aumento três vezes e duas férias por ano. E, o pior, seu trabalho está com seis meses de atraso, provocando problemas em todos os setores.

— Não exagera, chefe! – disse com certa ironia.

— Exagero? Você ainda tem coragem de usar essa palavra com seu chefe, que sabe tudo de seu trabalho?

— Acho que você está muito mal informado.

— Geraldo, quer saber, você realmente é uma pessoa muito sem noção...

A conversa entre os *fios* não acabou bem. Geraldo nem ficou mais o resto do dia para trabalhar e, quando saiu na porta do seu prédio de trabalho, disse mentalmente:

— Esse Pai João é muito fraco mesmo! Que proteção é essa que ele disse que me deu? Porcaria!

Tem muito *fio* assim. Quer proteção, mas não quer mudar seu jeito de ser. Quer achar influência perniciosa do lado de fora, mas não quer ver o verdadeiro mal que acalenta na sua vida e na vida dos outros.

Vem procurar quem tá fazendo *trabaio* ruim pra eles, ignorando que ele mesmo é o maior entrave de sua existência, é o maior adversário de seus projetos de vida.

O *fio* Geraldo já tinha que pagar a primeira parcela do empréstimo com humildade no dia seguinte, e o que ele fez? Além disso, ainda reclamou de sua fonte de proteção.

Aí no plano físico, pessoas assim são chamadas de CDM, "coitadinho de mim". Fazem-se de vítimas perseguidas por todos e sempre, na sua visão adoecida, são ótimos e maravilhosos.

Nego véio adora o provérbio: "Quando não há inimigos interiores, os inimigos exteriores nada podem contra você.".

É, *muzanfio*, os demônios capazes de prejudicar a vida de qualquer um de nós estão dentro, e não fora, de nós. Os de fora só conseguem alguma coisa quando os de dentro ficam de prontidão e estão em plena atividade.

Tem muita gente como *fio* Geraldo que acha que a sua dor é a maior, que o seu problema é o mais grave. Pessoas que se fazem de vítimas da vida, perseguidas pelo destino. Fé, para elas, é como fazer negócios com Deus. Às vezes são tão sem noção de si mesmos, que, na verdade, dão ordens a Deus.

A verdade é que *fio* Geraldo nunca mais apareceu para pedir ajuda e muito menos para pagar seu empréstimo.

Capítulo 12

Estou descobrindo que não sou Deus

"Guardemos a certeza de que Deus nos criou com todos os recursos que nos capacitam para transformar o ato de existir em uma experiência plena de crescimento e felicidade."

No Hospital Esperança, chegou a *fia* Teresa, que morreu aos sessenta e cinco anos de idade. Ela foi para a ala de tratamento de depressão por orientação de seu protetor espiritual.

Depois de uma longa temporada, *nego* foi visitá-la. Ela estava trabalhando nos jardins do hospital, cuidando dos lírios do *sô Euripa* (Eurípedes Barsanulfo).

— Bom dia, minha *fiinha* Teresa!

— Bom dia, meu senhor!

— Pode chamar *nego* de Pai João.

— Ah, já ouvi falar do senhor aqui no hospital, Pai João.

— *Nego* tá famoso, né, *fia*? (risos)

— Tem muita gente grata ao senhor por aqui.

— Oh, *fiinha*, *nego* vai tomar alguns *minutados* do seu tempo para anotar um pequeno trecho da sua história para mandar aos *fios* na Terra.

— Mesmo, Pai João?! Mas o que há de tão interessante assim na minha história?

— Toda história, *muzanfia*, de todo *fio* de Deus é uma página divina que ensina e abre os olhos da mente para novas experiências.

— Mas o que o senhor quer saber?

— Fale das etapas de seu tratamento desde que chegou aqui.

— Pois bem. Vamos lá! Logo que cheguei ao Hospital, minha primeira curiosidade foi saber quando poderia visitar minha família. Cinco filhos, marido, minha mãe com oitenta anos e meus animaizinhos de estimação. Então, o enfermeiro e o médico que cuidaram de mim me encaminharam ao setor de avaliação para verificar minha petição. Chegando lá, começou o seguinte diálogo entre mim e Dulcineia, a terapeuta especializada em adaptação de recém-desencarnados:

— Qual seu maior desejo, Teresa?

— Ver minha família.

— É só ver mesmo?

— Ver, quero dizer, significa continuar a cuidar da minha família. Ver o que ainda posso fazer por eles. É muita responsabilidade que deixei para trás. Sou mãe, esposa, filha e cuidadora de animais.

— E como você desempenhou essas funções?

— Fazendo tudo o que podia e mais um pouco.

— Fale-me sobre esse mais um pouco.

— Na verdade, eu vivia para eles. Minha vida era minha família, meus amores.

— O que você achou de vir antes deles para cá?

— Sempre sonhei com isso, porque, se um deles viesse antes, eu não sei se aguentaria a prova. Morreria por qualquer um deles.

— E que nome você dá a essa sua atitude de fazer tudo e mais um pouco?

— Isso é amor, Dulcineia. Puro amor.

— E se você hoje não receber autorização para visitar sua família, como vai se sentir?

— Muito mal. Meu maior sonho vai morrer.

— Então é bom que eu lhe comunique com muito carinho a notícia: tão cedo você não poderá ver sua família!

— Por que isso? E acaso fiz algo errado? – falei com certa raiva da terapeuta, colhida pela surpresa da má notícia.

— Seu sonho de agora é impossível, minha filha.

— Mas o que aconteceu? Houve algo de ruim na minha família que eu não possa saber?

— E o que seria ruim para você na sua família?

— Que meus amores se desorientem e façam coisas que eu sempre lutei para que não fizessem ou, ainda, que se afastem dos sonhos que lutei para que eles alcançassem.

— Eis uma das maiores ilusões do amor, minha filha! Sonhar o sonho dos outros. Sonhar pelas pessoas que amamos. Isso cria uma rede de energias e vibrações nas quais nos prendemos sem chance de sair. Querer que a vida e as pessoas fossem como gostaríamos ou desejaríamos que fossem. Sua família agora está livre para sonhar por si mesma, enquanto você, mesmo desencarnada, ainda deseja controlar as aspirações e os sonhos de todos eles. A morte, minha filha, entre outras vantagens, corrige o curso de nossas vidas quando não nos encontramos afinados com aquilo que era essencial ser feito por cada um de nós. Diante disso, Teresa, tenho uma pergunta fundamental para te fazer.

— Qual? – perguntei muito magoada com tudo que estava ouvindo.

— Você teve algum sonho só seu que abandonou em função de sua família?

— Vários!

— Então me diga um que, se pudesse, gostaria de realizar agora.

— Ah, Dulcineia, vamos deixar isso pra lá! O que continua sendo meu sonho é minha família.

— Este é o tratamento que você veio fazer aqui na ala: renovar o foco de seus sonhos e trazê-los para você, e não para os outros.

— Isso, porventura, é considerado doença aqui?

— Aqui e em qualquer lugar é uma doença grave. Não foi sem razão que seu protetor espiritual a internou na ala dos depressivos, isto é, daqueles que não aceitam a vida como ela é.

— Então vou ter que esquecer minha família?

— Diga corretamente: esquecer de sonhar por eles. E, até aprender isso, será bom ficar bem longe deles.

— E o que vou fazer para me tratar?

— Diga-me um sonho seu, daqueles que abandonou e gostaria de realizar agora.

— Eu adoro jardins. Deixei de cuidar dos meus jardins.

Finalizando sua história, Teresa acrescentou:

— E assim, Pai João, aqui estou há quase três anos, cuidando de jardins, amando meu sonho, aprendendo a respeitar o sonho dos outros e ainda com muita esperança de rever meus familiares. No trato com as flores, aprendo a paciência. Aprendo que tudo tem seu tempo, seu fluxo, sua naturalidade e que o único ser capaz de interferir nisso tudo com sabedoria, sem sonhar os sonhos alheios, é Deus.

Estou descobrindo, Pai João, que não sou Deus.

Capítulo 13

Estresse e bolsões energéticos

"Quando você só quer tirar nota dez nas provas da vida, há dois lados. Um deles é sinal evidente de que você quer levar a sério as lições da vida; o outro é sinal de que você está com dificuldade de conviver com seu limite, com sua realidade. O segredo para iluminar esses dois lados é sempre fazer apenas o seu melhor e nada mais."

$\mathcal{E}$ o *fio* chega para conversar com *nego véio* e diz: "Tenho a sensação de que há algo me prejudicando na vida. Estou frustrado com minha profissão. Cansado, porque, quanto mais faço, menos produzo. Não estou dormindo bem, não descanso no sono. O que antes era divertido e fácil me causa fadiga. Tenho muito medo de perder o emprego. A memória tem falhado com frequência e estou muito irritado. Apareceram algumas manchas roxas pelo corpo, e todos os exames que fiz não deram em nada. Então, uma amiga me disse que era obsessão, e estou aqui para me livrar disso. O senhor pode me ajudar, Pai João?".

E *nego* disse pro *fio* que podia sim. Comecei dizendo que o nome disso é outra coisa e que é uma doença. E o *fio* me perguntou: "Qual?". *Nego* respondeu: "Estresse.".

Estresse, *fio*, é igual um incêndio na mente. É uma pane, uma falha de funcionamento da mente. Pessoas estressadas carregam tudo que podem por onde estiverem. Coisas boas e coisas ruins. Estão frágeis psíquica e energeticamente. Ficam muito desprotegidas, com aura frágil às ameaças do ambiente.

Quando não reconhecemos nossos limites, atraímos más energias, doenças e péssimas relações para a nossa vida, simplesmente porque, sem reconhecê-los, assumimos responsabilidades que estão muito além de nossas forças, de nossa inteligência, de nossas habilidades e também de nossos compromissos cármicos.

Tem muito *fio* que acredita que a vida traz tudo o que a gente tem que passar, mas nem sempre é assim.

Nós também buscamos muitas coisas que não precisamos por conta de não saber o que tem ou não a ver com nossas capacidades e necessidades. Algumas pessoas, por ganância, fazem mais do que podem. Outras, por preguiça, agem menos do que podiam. São limites que não foram descobertos.

Reconhecer nossos limites é o mesmo que encontrar a estrada ou a direção pessoal de nosso processo de evolução, evitando desvios e atalhos infelizes.

Tem *fio* que quer dar conta de tudo. Exige demais de si e, o pior, acaba se transformando no cobrador implacável de si mesmo e dos outros. Ninguém suporta esse mecanismo de exigência descontrolada. Uma hora vem a doença, ou algum outro problema, para brecar esse ritmo.

Existe uma doença na aura e no duplo etérico chamada "bolsão energético". São pequenas "fibroses" de energia com alto teor de concentração que se tornam autênticos abcessos etéricos.

Esses bolsões são resultados de estados emocionais tóxicos cultivados longamente que impedem o equilíbrio e a saúde energética. Concentram-se em alguns pontos meridianos da acupuntura chinesa correspondentes às emoções que não estão sendo transmutadas na intimidade do ser.

Existem bolsões de inveja, medo, irritação, desvalor pessoal, maledicência, mágoa e outros tantos.

Eles irradiam uma força bactericida para toda a aura e despejam, no corpo físico, as mais diversas formas de doença. São como *plugs* aptos a receber forças ambientais, mentais ou espirituais capazes de criar uma sinergia que prejudica a proteção e a saúde.

Mais do que técnica, precisamos de amor. Estamos todos precisando de proteção, mas corpo fechado depende de emoção equilibrada e mente vigilante.

Nada é mais desejado, em um planeta tão perigoso quanto a Terra, do que proteção. Os *fios* querem proteção, e isso é muito justo. Porém, proteção emprestada em nome da misericórdia tem tempo contado e curto.

Os *fios* querem que os outros resolvam coisas que os próprios *fios* têm que resolver. É como pedir a alguém que faça ginástica por ele. Alguém pode se alimentar pelo outro? Alguém pode respirar pelo outro? Há leis que são intransferíveis e imutáveis.

Os *fios* querem proteção e não conseguem orar uma vez ao dia? Só uma *veizinha*, *muzanfio*?

Os *fios* querem proteção, *mais* não respeitam a si *mesmo*, às suas forças, aos seus limites, e depois *fica tudo estressado*. Cansados de dar dó.

Proteção conquistada é para sempre e para ser usada quando quiser e precisar.

O autoamor é a maior fonte espiritual de proteção. Maior até do que as várias e valorosas práticas e crendices de defesa mais conhecidas de todos os tempos.

Na estrada do autoamor, os *fios* vão encontrar a solução para os excessos de todo tipo.

Quem se ama respeita seus limites.

Capítulo 14

Autoamor, a magia mais poderosa do planeta

"Espalhar o amor é o mesmo que multiplicar alegrias. O amor tem essa magia: quanto mais a gente divide, mais se multiplica nossa felicidade."

anfio pede colo pra *nego véio. Inté* parece uma criança.

Oh, *zanfio!* Vem cá no colo de *vô* João. Vem cá, *zanfio!*

Pode *chorá* no colo de *nego.*

Pensa, assim, que *nego* tá com a mão na sua *camantuê* (cabeça), alisando seus cabelos.

Nego vai *conta* uma história pro *fio.*

Fica cá, zanfio, no colo, e escuta.

Conta uma lenda que o senhor da luz queria ensinar a maior magia da Terra para seus aprendizes. Chegado o dia da lição, o mestre reuniu os discípulos em um campo verdejante cheio de lagos e disse aos *fios*:

— Cada lago deste tem o nome de *vosmecê.* Cada um vai procurar seu lago e mergulhar. No fundo de todos eles, encontram-se os diamantes encantados da libertação espiritual. Quem alcançá-los terá proteção e alegria.

E os aprendizes, *fio*, olharam pros lagos e viram muitos bichos perigosos na água. Atordoados, perguntaram ao senhor da luz:

— Mas como vamos nos proteger desses perigos?

— Foram vocês que criaram esses inimigos. São criações que vocês terão que adotar e aprender a lidar com todas elas.

— Estamos com medo.

— Nossas criações milenares são mesmo de atemorizar! Responderemos por todas elas.

— Mesmo sendo nossas as criações, elas podem nos ferir. Como nos proteger para buscarmos os diamantes nas profundezas? – indagaram os aprendizes temerosos.

— Essa é a grande magia que quero lhes ensinar. Se tiverem medo e se tratarem como vítimas, serão envenenados pelas víboras da paralisia e da perturbação. Se tiverem culpa e se sentirem infelizes, serão picados pela violência dos répteis da crueldade. Se tiverem tristeza, serão contaminados pela peçonha dos vermes do desânimo. Somente se usarem o manto protetor do autoamor, conseguirão sobreviver. Com esse manto, serão tratados em seus lagos em conformidade com o tratamento que dão a vocês mesmos. Envolvam-se no manto do autoamor.

— Mas, mestre, quem vai nos dar esse manto?

— Se vocês foram capazes de criar tão nocivos inimigos em seus lagos de experiência espiritual, também serão capazes de tecer o manto acolhedor do amor que lhes garantirá rumo e orientação no mergulho em busca de seus tesouros encantados.

Então, *zanfio*, se *vosmecê* tá aqui chorando no colo de *preto-véio*, *alembro* com carinho a *vosmecê* que a vida vai tratar *vosmecê* como *vosmecê* se tratar.

Seja bom pra *vosmecê* que a vida vai te trazer boas coisas, boas pessoas, bons momentos.

A magia mais protetora e forte que pode existir chama-se autoamor: aprender a cuidar e proteger a si mesmo, a zelar por si com sabedoria. Ninguém, nem Deus, pode fazer isso por *vosmecê*. Faz parte da lei do Criador que a única pessoa capaz de nos salvar das nossas próprias criações somos nós mesmos.

Tem muita gente, *fio*, que acha que amor é fazer tudo pelo outro e *esquecer de* si. Tem gente que acha que pode, inclusive, pular no lago dos outros para livrar seus amores das provas que são deles, quando não estão dando conta nem dos desafios de seus próprios lagos.

Quer proteção legítima e definitiva, *muzanfio*? Trate-se com amorosidade. Seja seu melhor amigo. Assuma, sem culpa, que *vosmecê* é a pessoa mais importante para *vosmecê*. Não transfira aos outros a responsabilidade de te fazer feliz. Ame sem esperar reconhecimento, mas pelo simples ato de ser bom amar.

Mergulhe, *zanfio*, em busca dos diamantes encantados do autoamor e preserve-os no coração para sempre.

E que *lorvado* seja *nossu sinhô Jesum* Cristo!

Capítulo 15

Pai João, o senhor tem notícias da minha mãe?

"Quando dizemos que amamos muito alguém que pensa igual a nós mesmos ou com quem temos a afinidade espontânea, corremos um risco bem grande de estar amando a nós mesmos no outro. Isso se chama egoísmo, e não amor."

Os *fios pede* notícia e *nóis dá* sim. Mas, se falar a verdade... *Modi que* (de modo que) tem que ter muito jeito pra falar, senão fecha a cara. Pedem notícias, mas nem sempre damos as notícias que os *fios quer ouvir*, e aí... Vou explicar:

— Pai, o senhor sabe como está minha mãe no mundo espiritual?

— Sei sim, *muzanfia*.

— E como ela tá?

— Ah, *muzanfia*, tá *mior* que *vosmecê* imagina. Tá sendo muito bem cuidada.

— Que bom, meu pai! Que bom! E ela já pode vir aqui cuidar de nossa família?

— Oh, *fia*, nem todo mundo que morre pode continuar a fazer as *merma* coisa, né, *fia*?

— Mas nós estamos sentindo tanta falta dela!

— Os espíritos que *ama* vossa *famia sabe* disso.

— Então, quando ela poderá vir cuidar de nós?

— Quer saber *mermo, fia*?

— Sim, pai.

— *Fia*, acho que tão cedo isso não acontece.

— Por quê?

— Porque a sua mãe precisa de um pouco de sossego, *muzanfia*. Ela foi levada pra bem longe da *famia*.

— Longe? Que espécie de atitude é essa dos nossos protetores? Juro que não entendi! – Já falou meio alterada.

— Eu sei, *fia*, que *vosmecê* não entendeu. Poucos conseguem entender isso.

— Não consigo mesmo. Por que levada para longe? Ela tinha que estar do nosso lado.

— Como a *fia* acha que a mãe de *vosmecê* se sentia enquanto viva no corpo?

— Era o esteio da família, a segurança de todos.

— A *fia* acha que ela era feliz?

— Feliz eu não digo, mas ela fazia o que nós precisávamos. A felicidade dela era a nossa família.

— E quem fazia o que ela precisava?

— Não sei! Ninguém?

— Nunca ninguém perguntou isso pra ela?

— Não, pai. Ela era tão forte, que nunca nos preocupamos com isso.

— Oh, *fia*! *Nego véio* pode ser sincero com *vosmecê*?

— Pode sim, meu pai.

— A mãe de *vosmecê* sobrevivia, mas não existia. Acostumou a levar nas costas as dores de todos e pensava que isso era amor. Agora ela chegou aqui e perguntaram para ela o que ninguém aí *preguntou* quando ela estava no corpo físico: "e o que *vosmecê* vai querer daqui pra frente?"

— E o que ela respondeu?

— Que ela sentia que agora precisava cuidar dela, mas não sabia como fazer isso. Então, os benfeitores que a receberam ofereceram cuidar dela e, caso ela realmente estivesse disposta a receber assistência deles, teria uma condição.

— Que condição foi essa, meu Pai João?

— Que a *fia* fosse tratada bem longe da *famía*.

— Eu duvido que ela tenha aceitado.

— Pode duvidar, *muzanfia*, mas ela aceitou.

— Ah, Pai João, o senhor vai me desculpar, mas minha mãe não faria isso conosco de jeito nenhum. – Falou a *fia* bem revoltada.

— Oh, *fia*, *nego* só tá dando a notícia que *vosmecê* pediu. Acredite se quiser... (risos).

— E o senhor ainda ri disso!

Os *fios* na matéria sempre *quer* notícias dos que chegam do lado de cá. E, quando a notícia é dada, nem sempre agrada. E, por não agradar, muitos *fios* nem *acredita* que é verdade.

Essa é uma das razões pelas quais muitos *fios* que chegam aqui nem *pode* falar o que lhes acontece. Se falassem, nem todos acreditariam.

A vida espiritual é uma caixinha de surpresas!

Tem hora que não há o que fazer! Tem que rir mesmo para ver se descontrai o egoísmo que toma conta de nossas vidas.

Capítulo 16

Vingança não é um instrumento de Deus

"Olhar o lado negativo de alguém e fixar-se nele é o mesmo que entrar para um porão escuro, fechar a porta por dentro e jogar a chave bem longe."

*N*aquela noite, *muzanfio*, aquela *fiinha* atormentada procurou *nego véio* pedindo ajuda.

— Pai João, estou sofrendo muito. É muita dor, meu velho.

— Fala *fia*, põe sua dor na mão de Deus.

— Pai, eu quero vingança.

— Mesmo, *fia*?

— Mesmo, pai. O senhor acredita que meu marido me traiu depois de mais de vinte anos de casamento? É muita decepção! Eu quero que o senhor me ajude a acabar com a vida dessa infeliz que arrebentou com meu lar.

— A *fia* usou a palavra certa, minha *fia*. Ela é mesmo muito infeliz.

— Eu a quero morta, meu pai.

— Calma, *fia*! A vida tá aplicando um teste de resistência em *vosmecê* e na *fia* Amanda.

— Como o senhor sabe o nome dela?

— *Fia*, tem alguém aqui na vida dos espíritos que *ama ela* muito e que está tentando acalmar a *fia*.

— Que a ama? Eu é quem tinha que ter alguém do meu lado que me ama, e não ela!

— E tem, *fia*. Tem muita gente que te ama pedindo paciência.

— Paciência para aguentar esse traste de mulher?

— Não, *fia*. Paciência para enxergar a realidade da vida que a *fia* não que ver.

— Que realidade? A realidade da decepção e da mágoa?

— A realidade do possível, *muzanfia*. Tudo é possível acontecer na vida de todos nós.

— Mas o senhor acha que é certo a traição?

— Certo não, mas é possível.

— E, então, porque é possível, eu devo aceitar?

— A *fia* acha que o *fio* ainda te ama?

— Claro que sim! Ela é que é uma aproveitadora de ocasião. Só porque é mais... Nem sei o quê!

— *Fia*, tem muito mais coisa que a *fia* não sabe. A vida está te chamando para a desilusão. A *fia* infelizmente caiu em um golpe.

— Golpe?

— Sim, *fia*.

— Que golpe, pai?

— Dos piores.

Mesmo sem aceitar as reflexões de *nego véio*, a *fia* voltou daí a uma semana, pior ainda, para outra conversa. Completamente abatida e depressiva, ela descobriu que realmente havia sido alvo de um golpe financeiro. O marido já mantinha laços com a amante antes mesmo do casamento. Havia interesse dele apenas nos bens materiais.

A *fia*, revoltada, perguntou então pra *nego véio* porque ela estava passando por essa prova, e *nego* respondeu:

— Esse não é o golpe a que *nego* se referiu, *fia*.

— Ainda tem mais coisa que não sei, Pai João?

— Tem sim, *fia*. Outro golpe.

— Meu Deus! Será que vou aguentar? O que é?

— O golpe da ilusão de acreditar que dependemos do outro para completar nossa felicidade. Esse é o golpe que *nego* falou desde a semana passada, *fia*. É a dependência, a ilusão de supor que o amor do outro é indispensável para nos completar. Ser amada é muito bom, *fia*, mas, quando acreditamos que nossa felicidade está nas mãos do outro, quando entregamos ao outro o direito e o dever de nos fazer feliz, nos tornamos reféns de muitas ilusões na convivência humana. Por conta disso, a *fia* não enxergou o óbvio, o possível. Sua inspiração sobre a autenticidade do amor do parceiro foi bloqueada porque *vosmecê* conferiu a ele confiança irrestrita.

— Ah, meu pai, o que eu faço? Estou mesmo revoltada!

— Vem cá, *fia*, dá um abraço em *nego véio*.

A *fia* sofreu muito depois dessa conversa, mas resolveu se separar do marido. Percebeu que, no fundo, a sua maior revolta era com ela mesma, com seu desleixo pessoal, com sua entrega invigilante, com sua falta de autoamor.

Em função dos filhos e de outras situações, seu ex-marido não conseguiu o quanto esperava em benefícios materiais.

Passados alguns meses, ela voltou melhor e disse:

— Pai, me desculpe por aqueles momentos de tormenta e desejo de vingança.

— *Fia*, *nego véio* fica tão feliz de ouvir isso da *fia*. Eu sei que a *fia* nunca desejou isso pra ninguém. Sabe quem tá aqui, *fia*, do lado de *nego véio*?

— Quem, meu pai?

— Aquele anjo da guarda da *fia* Amanda.

— Não acredito! Por quê?

— Ele diz pra *vosmecê* ficar em paz e ter muito carinho pela *fia*.

— Mas como pode, pai?

— É que a vida tem muitos caminhos para colocar cada *fio* na direção certa rumo a Deus. Que a *fia* mantenha--se em paz e saiba que tudo o que vai acontecer era para acontecer desse jeito.

— Acontecer o que?

— Aguarde, *fia*, e ouça o recado que ele te trouxe e fique em paz.

No dia seguinte, a *fia* teve a notícia de que Amanda teve um AVC (Acidente Vascular Cerebral) e ficou quase totalmente paralítica. Seu ex-marido desapareceu, deixando Amanda entregue aos cuidados de familiares dela. Porém, um parente de Amanda, muito inconformado, em um momento de revolta, acertou um tiro certeiro no ex--esposo, que veio a falecer.

A realidade, mesmo contrariando todas as nossas expectativas, segue sempre o caminho mais seguro e rico de proteção para realizar nosso progresso na existência.

Na realidade, o que parece impossível pode acontecer.

Capítulo 17

Amar não é carregar a dor de quem amamos

"*A vida nos trata como tratamos a nós mesmos. Se você não respeita seus limites, atrairá sempre pessoas que abusarão de você e que vão adorar passar para suas costas o peso das responsabilidades que as pertencem.*"

$\mathcal{A}$mar não é carregar a dor dos outros.

Metade da reencarnação o espírito gasta para se apegar à matéria, e a outra metade ele vive apenas para se desapegar.

O nosso sofrimento nasce quando não queremos cumprir com essa lei soberana de deixar a vida fluir, quando não queremos permitir a naturalidade dos acontecimentos, aceitar a realidade.

Nossas idealizações a respeito das pessoas que amamos nos prejudicam muito quando somos chamados a amá-las como são, com os problemas que apresentam e quando não correspondem ao que delas esperávamos. Uma dor muito intensa toma conta de nosso campo afetivo quando desmoronam as expectativas que mantinham aceso o nosso amor por alguém. Contudo, jamais esqueçamos que, se queremos preservar nossa sanidade e nosso equilíbrio, antes de tudo, precisamos amar a nós mesmos. Sem isso, será muito difícil encontrar força e fé para dar conta dos problemas das pessoas que amamos ou simplesmente para poder fazer alguma coisa de útil por elas.

O apego que temos uns pelos outros cria uma miragem doentia, a ponto de supormos que somos responsáveis pela dor do outro. Assim, a vida fica pesada, porque queremos carregar o que não nos pertence.

Quando as experiências da vida estiverem duras demais, a ponto de nos causarem descrença nos ideais de melhoria e progresso, existe uma possibilidade muito ampla de estarmos querendo carregar em nossos ombros o peso dos problemas que pertencem aos outros.

Amar é *alumiá* (alumiar) o outro para que ele se liberte de sua dor quando decidir sair dela.

Amar não é sofrer ou se responsabilizar pelo que acontece com as pessoas que amamos. Amar é preservar nossa sanidade e equilíbrio e colaborar para que o outro possa fazer o mesmo.

Nesse aspecto, existe um grande desafio em aprender o que significa soltar o fluxo cósmico da vida alheia, em aprender a amar sem controlar, a amar sem ser dono, a amar sem carregar o outro, que precisa andar com as próprias pernas. O desafio é saber amar impondo exigências, para que, a pretexto de amar, não nos atolemos na perturbação e na dor que ao outro pertence por necessidade de aprendizado.

Cada um de nós tem um balaio de dor, experiências a carregar e um caminho a trilhar. Trata-se de um mapa na direção da perfeição.

Observe que o enunciado de Jesus é todo feito no campo individual:

"Se alguém quiser vir após mim, renuncie-se a si mesmo, tome sobre si a sua cruz, e siga-me."[1]

Nem Deus, que rege todo o processo de nosso crescimento e evolução, carrega por nós o que temos que carregar. Ele alivia, orienta, fortalece, mas espera que a solução venha de nós mesmos, que tenhamos pernas fortes para subir a montanha da evolução.

O amor não é prepotente, *fio*, a ponto de achar que temos que dar conta de curar e libertar quem não quer ser curado e libertado. Nem Deus consegue isso, *muzanfio*! Nem Deus!

Prepotência é doença do afeto, é soberba disfarçada. Todos temos um limite, e não existe amor tão poderoso que possa mudar alguém, além de si mesmo.

A lei é essa, meus *fiinhos* de Deus: cada um carrega o balaio de dores que a vida entregou.

Será muito bom saber que as pessoas que amamos querem melhorar!

Mas sabe o que é melhor ainda meu *fio* de Deus? É aprender que se eles não cuidarem de si, nós podemos cuidar de nós sem perder a paz que merecemos. Deus só nos da o direito de transformar a nós mesmos. Com o outro, a gente só pode cooperar, dar um empurrãozinho, tirar um

---

[1] *Mateus* 16:24.

pouquinho do peso dos seus balaios para tornar a subida menos penosa.

Amor é isso: preparar-se para estar melhor e mais fortalecido que a pessoa *que* vamos precisar estender a mão para que o que muitas vezes chamamos de amor não nos afunde junto com ela.

Capítulo 18

Estou no caminho certo?

"Quando tudo parece sem solução, quando tudo aparentemente não tem saída, quando tudo parece que vai se agravar ainda mais, lembre-se: para Deus, nada é impossível e há sempre uma luz aguardando no caminho."

*io* de Deus,

Não existe caminho certo nem caminho errado. Todos os caminhos são de Deus.

A pergunta *mió* (melhor) *de ser feita, muzanfio,* é a seguinte: será que estou na direção correta?

O que necessitamos saber é se estamos seguindo o melhor rumo dentro dos caminhos da vida. Se a direção vai nos levar aonde precisamos e merecemos.

Dentro dos caminhos da vida, o que vai determinar o rumo mais curto, mais útil e mais afinado com a luz é a forma como caminhamos.

Sabia, *fiinho,* que tem gente que pega a estrada da vida e fica fazendo círculos sem andar para a frente? Está sem direção, sem rumo, sem propósito.

Quem tem propósito e sabe o que quer, *muzanfio*, pode pegar o caminho que for, porque estará sempre na direção correta de sua libertação.

Bom saber disso, não é, *muzanfio*?

E como saber se nosso rumo é um passo seguro para frente ou uma repetição de passos no mesmo lugar?

A resposta está no amor. Quando amamos o que fazemos, quando sabemos que isso acontece porque fazemos o que viemos aqui para fazer, quando temos a certeza mesmo sem saber *pruquê* daquilo, isso é nossa salvação, nosso destino.

Se ainda não consegue sentir isso, *fio*, busque amparo.

Comece por essas perguntas fundamentais e libertadoras: "Eu quero isso para mim?", "Isso vai me libertar?". Repita todos os dias e aprimore suas respostas até encontrar seu rumo, até estar certo do que *vosmecê* quer. Se não consegue fazer isso, *nego* repete o *conseio* (conselho): busca ajuda de quem possa desembaraçar sua mente.

Certeza completa nenhum de *nóis* vai ter. Se tivéssemos essa certeza, a gente não caminharia, seria muito fácil. É preciso a dúvida na vida para aumentar nosso discernimento e nos fazer responsáveis pelas escolhas que optamos. Só existe uma saída: persistir sem desistir.

Quando uma porta se fecha na vida de *vosmecê*, lembre-se de que noventa e nove outras se abrem, esperando em um novo caminho. Fixar com rancor na porta fechada é impedir a visão mental de perceber onde a vida espera que *vosmecê* bata novamente, à procura do melhor caminho para suas experiências de vida.

Fios, o que parece caminho errado é o caminho de cada um. O importante é sustentar a intenção no bem. "Mas aquele que perseverar até ao fim será salvo."[1]

Que nosso Pai Maior e Sábio te ilumine as buscas nos caminhos da existência.

---

[1] *Mateus* 24:13.

Capítulo 19

Preciso desenvolver a mediunidade?

"A ausência de consciência dos seus próprios sentimentos é a maior fonte de desproteção que pode existir."

*N*ão é a mediunidade que trava a vida, *muzanfio*. É a energia que nasce na intimidade de cada um que pode emperrar ou abrir os caminhos da vida.

Mediunidade é talento divino emprestado para serviço e aprimoramento, é um tesouro que Deus empresta ao homem para sua felicidade.

O que o médium precisa desenvolver é sua qualidade de vida, para poder irradiar a força da prosperidade, precisa melhorar sua conduta, para conseguir iluminar, com a bondade, a sua existência, e melhorar seus sentimentos, para alcançar a cura das doenças da alma.

O que o médium precisa, *muzanfio,* é desenvolver o jeito de viver e falar, agir e ser no bem.

Tem muitos *fios* que *acha* que os espíritos do mal vão fazer morada *na* mente se não *desenvolver* mediunidade. Isso acontece mesmo, mas é porque muitos *fios* não *cuida* do seu talento. E mediunidade, pra ser cuidada, solicita disciplina, melhoria e maturidade.

A mediunidade não é a causa dos problemas, mas sim a falta de cuidado com que os médiuns tratam a sua faculdade espiritual.

Tem mesmo muito médium que é igualzinho a uma esponja, absorve tudo, por falta de proteção, e fica com muitas perturbações energéticas e mentais.

Desenvolver mediunidade não é sinônimo de proteção e melhora, *muzanfio*. Nem significa que a pessoa vai ficar livre *das sujeira* que os *fios puxa* pra suas vidas. De jeito nenhum!

Desenvolver mediunidade é fácil. Tem muito *fio* fazendo isso e continua com a vida do mesmo jeito.

Sabe por quê?

Porque não *miorô* (melhorou) seu jeito de ser. Foi para a tarefa e não deixou a tarefa talhar um homem novo e *mió* em seu íntimo. Desenvolveu mediunidade e não desenvolveu a alma, os sentimentos do bem.

Tem muito *fio* médium que acha que *alembrá* (lembrar) de mediunidade uma vez na semana e fazer preces em quinze minutos é tá com a vida espiritual garantida e livre pra errar o resto do tempo!

Não é assim que *funciona as coisas* na escola de Deus.

Mediunidade é pura responsabilidade, trabalho intenso e disposição para avançar.

Vosmecês quer miorá suas vidas, não é, *muzanfios*?

Quer desenvolver suas bênçãos?

Vosmecês quer dias *miores,* com mais fartura e luz nos seus caminhos?

Os *fios quer* aprender uma magia boa para a vida ficar brilhante?

Oh, *fios*! Então faça por onde merecer. Seja médium do bem.

Quer alguns *conseios* bons para isso, muzanfios? Então, *anota* aí:

Bata seu cartão de ponto na hora certa.

Durma o número de horas que precisa para um descanso justo.

Coma somente o suficiente para sua saúde e bem-estar.

Cultive o hábito da oração diária.

Emita uma vibração de muito amor para quem não lhe quer bem.

Exercite a gratidão principalmente nos instantes de maior escassez.

Pense sempre que cada pessoa tem seu motivo para agir fora dos padrões do que você julga que é certo ou errado.

Procure sentir, pelo menos uma vez por dia, a presença do anjo da guarda.

Abrace com muito afeto pelo menos uma pessoa por dia.

Dê uma olhadinha para o sol de vez em quando e se deite na grama para pensar.

Assuma a responsabilidade sobre tudo que faça e sinta.

Deseje o bem de todos e esteja sempre certo de que a maior força da vida vem de Deus.

A vida só muda quando *nóis muda* nosso jeito na vida. A vida não trava porque alguém põe pedras em nosso caminho. A vida trava porque a gente acredita que as pedras que os outros colocam são maiores que nossa fé e nossa capacidade de saltá-las.

A pedra que *atrapaia* nossa vida é aquela que não queremos saltar, vindo dos outros ou de *nóis*.

Tá compreendido, *muzanfios*?

E que *lorvado* seja Deus!

Capítulo 20

Magia de amarração no "amor"

"Acostumamo-nos a falar muito em apego, referindo-nos aos bens materiais. Todavia, existe uma forma de apego muito mais danosa à nossa vida: é o apego que temos às nossas crenças limitadoras e destrutivas. Por exemplo, a nossa crença no que seja o amor."

É, muzanfio, pensa que é mentira?

Existe magia de amarração sim. Isso é tão velho quanto a própria humanidade, *muzanfio*. É magia da grossa para prender alguém no "amor".

Pensamento é uma coisa que parece uma corda. Faz nó, laço e até *bololô* (briga). Enquanto é laço e nó, é amor de posse, amor de quem quer o outro ou não aceita algo dele.

Quando vira *bololô* já entra o sentimento de destruição, de maldade. Tem até morte por conta de magia de "amor".

Quando aparecem alguns serviçais que dizem trazer o amor em três dias, nem sempre se pode duvidar, *fio*!

Num duvida porque tem magia *pra* isso sim. Só precisa saber ativar uma amarra energética que já existe. É possível para quem sabe fazer isso.

Mas, olha, *muzanfio*, cuidado! Tudo isso é magia de interesse, magia de egoísmo, e essas sempre acabam mal.

O que tem de amor nisso tá sufocado por muito desejo e apego, loucura e perturbação.

Os cordões energéticos ou de amarração são fortes, resultam de uma ligação muito forte que um dia foi firmada no amor verdadeiro e depois... *Vixê, muzanfio...* Depois *virô* coisa de doer.

O que *nóis* tá precisando aprender, *muzanfios*, é a soltar, e não a amarrar.

Quem solta tem. Quem amarra vai perder. Quem solta liberta. Quem amarra cria para si mesmo a prisão de forças sombrias.

Quem amarra é igual a alguém que põe na cela da sua prisão a pessoa querida e joga a chave fora. Ficam ambos na tormenta, na cadeia das emoções inferiores.

Algumas emoções amarram muito, *muzanfio*, tal como mágoa, ciúme, apego, dependência, medo, ódio, inveja e aversão.

Quer o amor de verdade? Então se abra para a vida, *muzanfio*.

Abrir para a vida é ter em primeiro lugar o seu amor próprio, o amor que *vosmecê* mesmo pode dar a si, pois sem esse amor *vosmecê* vai mendigar o amor dos outros.

O amor dos outros, *muzanfio*, tem que ser conquistado, e não amarrado.

> "Se tendes amor, possuís tudo o que há de desejável na Terra, possuís preciosíssima pérola, que nem os acontecimentos, nem as maldades dos que vos odeiem e persigam poderão arrebatar."[1]

---

[1] *O evangelho segundo o espiritismo*, capítulo 8, item 19.

Capítulo 21

Melhoria interior e corpo fechado

"*Assuma a responsabilidade sobre seus sentimentos e comportamentos. Quando paramos de transferir a terceiros a razão de nossas escolhas e dissabores, abre-se o campo energético da vida contra tudo o que possa ser contrário à nossa felicidade.*"

*Q*ue os *fios seja abençoado* na paz de Deus!

Tem muitos *fios* que têm gosto pela defesa contra as magias e feitiçarias. Se ainda precisa e faz bem pros *fios* o patuá, a imagem do santo, a vela bendita, as *erva* de proteção, o sal da limpeza, o incenso que purifica, por que não usar, não é, muzan*fio*? Mal é que não vai fazer mesmo!

Aprender também a se proteger energeticamente ou a fechar o corpo com as próprias forças faz parte do caminho de crescimento espiritual.

O patuá pode concentrar energia de proteção e exalar uma aura de defesa, mas o "patuá do sentimento educado", além de fechar o corpo, abre a alma para o amor e para a construção do bem nas energias da natureza.

A imagem pode dar a sensação de amparo, porém o sentimento que mais nos faz sentir a presença divina é a fé, que edifica o campo mental acolhedor para sentir que não estamos abandonados por Deus.

A vela, que irradia a luz, pode acender a esperança de dias melhores, todavia, a força da oração é capaz de iluminar a mente para que o otimismo cure nossa ausência de sentido para viver.

A erva pode *alimpar,* sim, a inveja e a perturbação destruidora, entretanto, não existe melhor higiene para os corpos sutis que a aplicação diária da irradiação da alegria e do bom humor.

O sal grosso elimina os tóxicos que carregam a aura e infestam o duplo etérico de resíduos venenosos e densos, contudo, o sol irradiante do desabafo sincero e da terapia do companheirismo pode anular quaisquer malefícios que tendem a se multiplicar nas esferas energéticas de nossa alma.

O incenso pode purificar ambientes contaminados. Melhor será quando não o impregnarmos com a maledicência e os hábitos malsãos.

Não se enganem, *fios* de Deus! A vida que temos é fruto do trabalho que realizamos. Seria muito contraditório com a lei de Deus se pequenas magias de proteção nos livrassem completamente do mal que nós mesmos criamos. Elas colaboram enquanto não desenvolvemos forças pessoais ou em ocasiões de maior fragilidade nas dores da vida.

Proteção energética não tem fórmula, e cada um responderá por suas próprias criações perante a vida, recebendo o bem ou mal em conformidade com aquilo que é fruto de suas mais profundas intenções. Fechar o corpo exige um trabalho árduo de melhoria interior.

Jesus recomendou técnicas fortes de defesa no bem. Pra *nego véio,* a mais linda resume-se em:

"E, se ninguém vos receber, nem escutar as vossas palavras, saindo daquela casa ou cidade, sacudi o pó de vossos pés."[1]

Corpo fechado é alma aberta para o amor e conectada com sua realidade pessoal. É quando transformamos nossa vida em um altar de sentimentos iluminados e de pensamentos libertadores.

---

[1] Mateus 10:14.

Capítulo 22

Antidoutrinário é não amar

"Não espere que os outros gostem das mesmas coisas que você. Respeite os diferentes e suas diferenças."

Tem dois tipos interessantes de pessoas na rota do aprendizado humano nas fronteiras religiosas. O primeiro é o das pessoas que buscam Deus por **meio da** religião, são os indivíduos fervorosos. O segundo é o das pessoas que buscam Deus **na** religião, são os indivíduos devotos.

Os fervorosos fazem da religião uma prática de elevação pela conduta.

Os devotos acreditam que as práticas religiosas são sinônimo de transformação.

Os fervorosos encontram na religião um meio, um caminho.

Os devotos a veem como a meta, o objetivo final.

Os fervorosos amam a Deus na relação com seu próximo.

Os devotos adoram a Deus por meio de louvores e preces.

Sem dúvida alguma, ser devoto já é um passo na direção do Criador, todavia os fervorosos já entenderam que devoção sem amor aplicado na relação com o semelhante é tentar dar um salto na ordem natural da evolução.

Amor a Deus sem amor ao próximo é um engodo. Devoção ao nome do Pai Criador sem fé construtiva no bem de todos é corpo sem alma.

Por essa razão, muitos devotos já amam o bem, mas louvam mais a religião que o ser humano. Abusam desse amor ao estabelecer regras doutrinárias para viver mais perto de Deus, esquecendo-se dos mais singelos deveres de boa convivência e afeto, sendo muitas vezes hostis e distraídos com a convivência respeitosa. Estabelecem o que é doutrinário e o que não é.

Para os devotos, antidoutrinário é não seguir as regras e padrões.

Para os fervorosos, antidoutrinário é não amar.

Capítulo 23

Perguntas feitas aos religiosos no Hospital Esperança

"*Participação em tarefas e práticas religiosas não distingue ninguém em relação ao seu estágio de conquistas espirituais. O aproveitamento espiritual é medido pela melhoria individual, do contrário, as práticas e tarefas podem não ser mais que um trampolim de vaidade pessoal ou um reduto para alívio de culpas.*"

$\mathcal{D}$epois de muitas experiências dos *fios* com religião, fica claro o ensino de Jesus:

> "Nem todo o que me diz: Senhor, Senhor! entrará no reino dos céus, mas aquele que faz a vontade de meu Pai, que está nos céus."[1]

Aqui, nas entrevistas de acesso aos ambientes de educação religiosa, fazemos muitas perguntas.

Nego vai deixar algumas pros *fios ir* pensando aí na matéria do *praneta* Terra.

Com base nessas entrevistas e em conformidade com suas respostas, os religiosos que são abrigados no Hospital Esperança são encaminhados para os tratamentos de que mais necessitam.

Que importância tinha para *vosmecê* a religião?

---

[1] *Mateus* 7:21.

Qual a melhor religião do orbe?

O que está mais difícil de aceitar em relação à sua religião aqui no mundo espiritual?

O que o *fio* gostaria de fazer com sua religião aqui no mundo espiritual?

O *fio* acha que conseguiria viver longe da religião?

Em que o *fio miorou* moralmente por meio dos ensinos e das práticas religiosas?

Qual é o maior conflito do *fio* em relação aos seus princípios religiosos?

O que o *fio* fez ou deixou de fazer para estar em conflito?

Como o *fio* acha que deveria ter feito para estar diferente?

O que o *fio* esperava de Deus?

O que acha que Deus esperava de *vosmecê*?

O que *vosmecê* mais amou durante sua vida física?

O que o *fio* acha que precisa para ser um religioso melhor?

O que *vosmecê* mais desejava encontrar quando estava dentro dos templos?

O que *vosmecê* fez com os bens materiais de sua religião?

O que o *fio* esperava para depois da morte?

Está decepcionado com esse lugar que te acolheu?

Como o *fio* acha que as pessoas de sua relação sentiram a sua morte física?

Quem *vosmecê* acha que está com muita saudade do *fio* na vida física e por quê?

Olha, *muzanfio*, na maioria dos casos, as respostas dessas perguntas vão dar longos meses de terapia antes da admissão dos adeptos nas escolas religiosas aqui no Hospital ou do encaminhamento para outros destinos, que são tão variados quantos são os motivos que levaram cada um a se simpatizar com as crenças que escolheram para suas vidas.

Trabaio bunitado (bonito) esse viu *muzanfio*! (risos)

Capítulo 24

Entrevista com o evangélico

"O amor só consegue trafegar com liberdade na estrada da convivência quando varremos o entulho do julgamento."

*M*uzanfio, nas alas educativas do Hospital Esperança, temos ambientes adequados para entrevistas de avaliação mental e emocional. *Nego* colabora com esse *trabaio*.

Temos pequenos ambientes que reproduzem igrejas e templos bem ao estilo do mundo físico. Em certa etapa da assistência a internos que padeceram processos conscienciais conflitivos em função dos postulados religiosos que acreditavam, essas salas pedagógicas são usadas para entrevistas.

Certo dia, *nego* foi vestido a caráter: à moda escrava. Sandálias rústicas, bata branca, calça de linho e pequenas e delicadas guias (colares de miçangas) penduradas ao pescoço.

Tava um *nego véio* à moda escrava por dentro e por fora. (risos)

Chegou o irmão Rogério, evangélico influente, para conversar com o *nego*.

— Irmão Rogério, que *nossu sinhô* Jesus te proteja, *fio*.

— Paz do senhor e aleluia! – respondeu ele sem graça.

— *Nego véio, muzanfio*, chama Pai João de Angola.

— O que é isso?

— O que, *fio*?

— Me mandaram aqui para fazer uma entrevista com um espírita de umbanda?

— Algum *probrema, fio*?

— Eu sou evangélico, e os médicos daqui já sabem disso.

— *Fio*, o que tá difícil aceitar?

— Aqui nesse hospital está tudo difícil de aceitar, meu senhor! Só me faltava essa!

— O que, *fio*?

— Um preto-velho, escravo como o senhor. Que espécie de *marketing* é esse de vocês aqui? Ou será que isso é o inferno e não estou sabendo?

— Não, *fio*. Aqui nem é o céu e nem é o inferno. Aqui é uma casa do amor fraternal para o bem de todos. O *fio* está aqui para ser entrevistado por *nego véio* sim, porque sou *trabaiador* do hospital.

— O senhor me desculpe a sinceridade. Serei entrevistado por uma pessoa que não sabe conjugar os verbos corretamente?

— Oh, *fio*, desculpe por decepcionar *vosmecê*. Como disse, é meu *trabaio*.

— Para quê? Isso não tem nenhum sentido. Quero voltar logo para a enfermaria e falar com um superior de vocês. Eu não pedi vaga nenhuma nesse hospital, não conheço ninguém aqui e quero sair daqui.

— E ir pra onde, *fio*?

— Para o lugar que mereço e me foi prometido depois da sepultura.

— E que lugar é esse, *muzanfio*?

— A ressurreição dos eleitos!

— Oh, *fio*, esqueceram de avisar na sua igreja que esse lugar já acabou? Não existe mais. *Faltou* médiuns na sua igreja para mostrar os lugares novos que existem aqui na vida espiritual?

— O senhor está zombando da minha igreja? Está me agredindo? Quer briga?

— Não, *fio*, não quero. Quero paz e fraternidade, mas sem ilusões. E peço que *vosmecê* se *assente*, porque tenho que começar logo a entrevista. Do contrário, *vosmecê* não vai ter acesso às aulas na igreja, que é igualzinha à sua na vida material da Terra. E, de mais a mais, tem uma coisa: não é falta de modéstia não, mas.

— O que foi?

— Marcar entrevista com *nego véio* tá mais difícil que *vosmecê* pensa. Demora muito!

— Quer dizer que aqui para eu entrar na minha igreja tenho que pedir o aval de um escravo?

— Oh, *fio*! *Num* foi isso que Jesus pediu para todos nós? Ser o servo de todos?

— Essa não! Ainda brinca com o Evangelho sagrado?

— *Fio*, agora chega. Assente-se. – falei meio bravo.

— Sim, senhor! Vamos ver o que um escravo pode me ensinar!

A entrevista *despois* disso correu bem. É sempre assim aqui no hospital. Os *fios* vêm com as manias todas da sua religião.

Aqui tem templo umbandista, evangélico, espírita, católico e de tantas outras religiões. Mas, para entrar em um e aprender lições de purificação de crenças que os *fios* trouxeram do plano físico pra cá, só *despois* da entrevista e do tratamento.

Entrevista demorada, *muzanfio*! (risos) Ela revela sérios conflitos conscienciais, e tem muito *fio* que, *despois*, ao invés de ir para o templo, vai é pra enfermaria! (risos)

Pastor entrevista umbandista, preto-velho entrevista espírita, espírita entrevista evangélico. *Trabaio* bom esse, viu, *muzanfio*! (risos)

A morte é danada, viu, *muzanfio*! Muda muita coisa! (risos)

Capítulo 25

Guias verdadeiros não cobram, educam

"Não é exagero afirmar que uma porcentagem bem elevada de nossos tropeços e equivocos acontece como prova voluntária, e não por conta de provas planejadas para retificação de deslizes de outras reencarnações."

$\mathcal{E}$ que *lorvado* seja *nossu sinhô Jesum* Cristo, *muzanfio*!

Tem muita entidade espiritual incorporando médiuns e falando pros *fios* sobre carma e solidão, dor e provação.

E tem muitos *fios* que *está* se cansando de ouvir isso, querendo uma palavra amiga.

Nego véio vai dizer uma palavra amiga. *Nego véio* adora falar do bem.

Óia aqui *fio*, nem todo espírito que fala pelos médiuns são guias. Tem muita entidade que tá doente que nem os médiuns, precisando de luz. Elas têm o desejo de falar coisas boas, mas *num consegue*.

Mas não basta querer falar coisas *bonitadas* para iluminar a vida.

Tem que ser bom por dentro, belo no saber e convincente pela força moral.

Sem impor, sem cobrar condutas.

Guias espirituais verdadeiros não ficam cobrando, eles educam. São firmes, falam a verdade e ajudam a pensar.

Ficar falando de provas do passado pros *fios* é uma dor muito grande que não ajuda. O passado se foi. Agora é pensar nas coisas que precisam mudar no presente.

Mesmo quando se passa uma prova por conta do que foi feito em outras vidas, o que importa é a solução no agora, a libertação.

Toda prova é um teste de inteligência para que saibamos como superar as dificuldades que carregamos por dentro e por fora.

O que *nego véio* quer dizer pros *fio* é que devem acreditar nos seus mínimos esforços para superar as provas e seguir sempre adiante, sem desistir e sem ficar olhando para trás.

Os protetores verdadeiros falam do bem, exaltam os esforços e alertam para as ciladas das imperfeições, são educadores do consolo e do esclarecimento.

Capítulo 26

Maria Santíssima, luz para os aflitos

"Atitude de proteção diária: buscar a luz na oração, procurar mentalmente seu protetor espiritual e alimentar-se da energia bendita do amor. Deus abençoe seu dia com muita paz."

As almas *tão* sofrendo de aflição aí na matéria e do lado de cá, no astral.

Aflição é um indício de que algo ameaça sua estabilidade, sua segurança e sua tranquilidade. A mente aflita é como um mar inquieto, tumultuado, com ondas agitadas.

Nesse estado de agitação, a mente perde sua capacidade de examinar e escolher as possíveis soluções. Fica perdida em seu rebuliço interior e, quando não há uma saída desse estado de inquietude, o caminho da aflição termina na estação do desespero.

Mesmo assim, esse estado de dor dos aflitos é para o bem, porque desloca a criatura, forçando-a a sair de uma posição para outra.

A maioria das aflições acontece por indolência da alma em não querer sair de uma posição confortável, mas negativa, para outra indesejável, mas altamente construtiva. Em outras palavras, quando passamos pela aflição, estamos sendo chamados a rever um ponto de vista, uma forma de olhar a vida e encarar os desafios que nos chamam a duras lições.

"Alegrai-vos na esperança, sede pacientes na tribulação, perseverai na oração;"[1]

Diante da aflição, *muzanfio,* o bom mesmo é orar. Vamos orar juntos, *fiinhos* de Deus. A santíssima Maria de Nazaré tá protegendo todos os aflitos da Terra. Vamos orar pra ela agora.

"Mãe santíssima tem piedade de nossas dores.

Oh, mãe de todos! Não queremos que afastes o mal de nossas vidas, mas que alivie o peso de nossas tormentas e lance a luz sublime de teu coração sagrado para que as nossas ideias no bem não desmoronem sob o peso da perturbação.

Aquieta nosso ser, mãe divina. Se tanto amas até aos que se atolam no ódio, tem piedade de nós, que já queremos a luz do bem.

Queremos te sentir na nossa alma. Queremos te acolher no nosso sentimento. Queremos te ver no nosso pensamento.

Mãe protetora das dores humanas, dê-nos tua mão generosa para nos sentirmos acompanhados nos instantes da solidão. Dê-nos força para caminharmos ao encontro da melhor direção nas lições que a vida quer nos ensinar.

Obrigado, Senhora, por abrandar nossas necessidades.

Assim seja!"

Que louvado seja nosso *sinhô Jesum* Cristo, *muzanfio!*

---

[1] *Romanos* 12:12

Capítulo 27

Os três passos da fé

"A fé de que tudo vai se resolver e de que todos os problemas terão uma saída é o melhor remédio para teus momentos de crise. Só ela é capaz de transformar em luz tudo aquilo que parece ser pura sombra."

*F*é, *muzanfio*, é a força que nasce no fundo da alma e corrige os caminhos na direção de Deus.

Fé é o alimento do espírito que nutre a alma com o otimismo para vencer, com a coragem para continuar e com a sabedoria para escolher.

Quem tem fé mantém-se sereno diante das provas e encontra as soluções e os caminhos mais rápidos.

Têm muitos *fios* que falam que não têm fé.

Todos têm fé nessa Terra de Deus, *muzanfio*.

Quando nascemos, já temos essa conquista na alma. O que falta é entender como usar.

Para aprender a usar a fé, *muzanfio*, é preciso alguns passos.

O primeiro passo é renovar as crenças sobre a vida. Quem acredita na resposta de Deus, quem acredita na vitória e quem acredita no bem consegue mudar seu modo de pensar. Renovar crenças é o mesmo que fazer uma limpeza em muita coisa que já não serve mais para garantir a paz e o equilíbrio na esfera dos sentimentos e da vida mental. Quem renova suas crenças amadurece e avança na fé. Isso dá um *trabaio*, né, *muzanfio*? (risos)

O segundo passo é educar o pensamento com foco na beleza da vida. A vida é muito bela, e somente quem consegue garimpar a parte sadia da existência consegue também ligar-se à nobreza divina, à pureza do Criador. O pensamento iluminado e positivo é um aliado valente na consolidação do clima da fé que paira muito acima das camadas sombrias da tristeza, da dor e da agonia humana.

Oh, *fio*, quem só enxerga treva já se prendeu na prisão da sombra interior. Dá um *trabaio* treinar isso, né, *fio*? (risos)

O terceiro passo é ter atitude de louvor ao bem. Quem cultiva o louvor ao bem sempre atrai forças compensadoras e carrega em si a energia da prosperidade infinita. Quem ama e celebra os costumes amorosos e as atitudes sadias expande uma aura de vitalidade e imuniza-se contra a descrença. Quem ama fortalece sua energia da fé e garante melhor vida, com mais saúde e proteção. *Trabaioso*, né, fio? (risos)

Fio de Deus, não fique preso à ideia de que *vosmecê* não tem fé. Todos temos fé, meu *fio*! Tem que cultivar a fé. O que precisa é saber como movimentá-la no bem. Dá *trabaio* mesmo, mas não esmorece não, *muzanfio*. Todos podem conseguir.

Comece a expandi-la, comece a arar seu canteiro espiritual, que já tem sementes muito viçosas de fé, e logo *vosmecê* verá os frutos aparecerem.

Quem cuida da fé surpreende-se com sua própria melhoria.

Lorvado seja Deus em sua fé, *muzanfio*.

Capítulo 28

Horta mística

"Quando tudo parece pior, quando tudo parece perdido, é nesse momento de dor e escuridão que você deve acender uma luz a fim de enxergar melhor os acontecimentos. Faça de seu lar um templo com abundância de boas vibrações para reabastecer teu caminho."

Um *fio* pergunta para Pai João como fazer uma limpeza energética nos ambientes da casa. Que ervas podem absorver energia negativa?

Cá, no Hospital Esperança, *sô Euripa* (senhor Eurípedes Barsanulfo) tem os divinos lírios brancos. São receptores poderosos de energia sublime que derramam fontes terapêuticas sobre todo o hospital.

Estão em canteiros móveis e fixos. Nos canteiros móveis, podemos alterar sua localização no ambiente conforme sua função terapêutica e energética.

Nego véio adora ervas do bem. Tenho uma horta mística para respirar o aroma das plantas sagradas. Arruda, guiné, sândalo, alecrim, manjericão, lavanda... São muitas ervas da luz que *nego* cultiva. *Nego* adora o cheiro da arruda.

As ervas se comunicam. Trocam forças e fazem uma malha de proteção nos ambientes. Elas são anjos da guarda que se unem para abençoar seus cuidadores.

Mas as ervas, *fio*, *comunica* também com *os morador*. Elas sabem quem é quem. Quem dá algo de bom e quem precisa e merece *de ser* limpo ou cuidado por elas e, ainda, quem as prejudica com o veneno da vibração.

As ervas são expressões de Deus que agem com sabedoria e inteligência. Elas investigam o tom vibratório dos moradores e fazem o trabalho da limpeza, contando com a energia que os moradores oferecem.

Tem morador que não oferece nada, apenas *sugam* as ervas. O que acontece? Elas se desvitalizam. Elas não sobrevivem aos impactos repetidos da má língua, dos vícios intoxicantes, da raiva sistemática, da tristeza e do medo.

Ervas são condensadores, acumulam forças, e são também dinamizadores etéricos, que fazem intercâmbio energético. São iguais aos lírios brancos do hospital, que têm a função de receber e passar. Elas recebem e passam o que vem do Mais Alto.

Ervas recebem e passam em regime de troca. Elas absorvem a boa fonte de energia e a transformam em campos de proteção, limpeza e imunidade.

A lei de justiça se cumpre até entre os vegetais. Quem lhes dá recebe. A quem lhes tira, vai faltar.

Elas estão também submetidas à força do amor. Ervas gostam de carinho e de reconhecimento e amam seus cuidadores, sabem quem são eles.

Elas são inteligentes ao seu modo.

Amam seus cuidadores quando sentem que eles as amam. Adoram elogios e cumprem fielmente seu mecanismo natural com os ambientes, conforme as manifestações morais de seus habitantes.

Nego gosta de dar apelido para ervinhas. Tem arruda que *nego* chama de guerreirinha. (risos)

Horta mística funciona sim, tem finalidade protetora e de saneamento astral, principalmente quando o lar louva o respeito, a conduta reta, a boa vibração, o querer bem, a sabedoria, a oração e o entendimento.

Nossa, *muzanfio*! As ervas *ama* a oração. Num tem adubo *mió* (melhor) pra elas que isso.

As ervinhas de Deus são as mãos generosas do Pai acariciando e abençoando nossos ambientes de convivência.

Se o ser humano tem tantos estímulos dentro de casa que o distanciam do bem-estar, porque não ter uma horta mística que pode funcionar como um campo energético e ecológico onde podemos sentir Deus na natureza?

Não se trata de ritual ou de cerimônia. É ciência, ecologia e espiritualidade natural.

Não foi sem razão que a vida de Jesus, desde o nascimento, ao receber a mirra como presente, foi toda cercada de eventos com aromas, unguentos e ramos.

Capítulo 29

Arruda, o escudo emocional

"Quando você faz algo bom para o outro e deixa de fazer para si, há uma anulação. Você está dando muito e esquecendo-se de você, retirando de si, desnutrindo-se. Isso é bem diferente de amor."

Nas fontes sagradas da natureza, estão os remédios de Deus para uma vida saudável e livre da dor.

A conhecida erva arruda tem o odor que provoca uma sensação de cuidado, proteção e imunidade.

Os *fios,* se puderem, *deve de ter* uma arrudinha plantada em casa e aspirar aquele aroma gostoso que *alimpa* as impurezas astrais.

Aplicada sua essência energética na região do chacra solar, a arruda limpa impurezas, tira negatividade energética, destrói mau-olhado e ainda melhora a imunidade da aura. Plantinha abençoada essa! Ela tem histórias até nos povos mais antigos.

Temos dentro de nós uma energia idêntica à da arruda. A constituição molecular e quântica dessa energia é bem parecida com a estrutura atômica da arruda, e ela se chama autoamor.

O campo energético do autoamor é uma malha muito bem elaborada em sua estrutura de átomos astrais, que se agrupam em conformidade com os pensamentos alinhados com a boa intenção e com a fé, formando um escudo raramente violável.

Um verdadeiro escudo emocional, nascido nas fontes profundas do ser espiritual e tecido com condutas no bem.

Quem se ama aprende os cuidados indispensáveis para uma vida harmoniosa dentro dos princípios da saúde cósmica de Deus.

Os *fios quer* aprender a plantar arruda astral em suas vidas?

Então, *faça* assim:

» Respeite seus limites.

» Aprenda a ouvir sua consciência.

» Investigue com mais honestidade o que os *fios* não *quer* mais na vida e tenha coragem para encerrar os ciclos que já terminaram.

» Zele pela sua vida corporal.

» Tenha uma opinião bem sólida sobre sua vida.

» Tenha cuidados de amor e proteção a si mesmo.

Quando *vosmecê* entra em conflito com a sua realidade pessoal, inicia-se um duelo desgastante. Contra *vosmecê* unem-se a culpa, a tristeza e a raiva. Os efeitos desse duelo são desastrosos.

Use sua sabedoria. Una-se a você mesmo e diga: "Eu aceito minha imperfeição e meu erro. Eu gostaria de ser melhor, mas ainda não sou quem gostaria e nem dou conta disso totalmente. Portanto, eu me aceito e aguardo que as leis sábias da vida me fortaleçam na direção de meu ideal.".

Faça isso e *vosmecê* verá como uma nova luz se irradiará de dentro da sua alma, aliviando sua angústia e fortalecendo sua fé para continuar a caminhada na busca por dias melhores.

Cuide de *vosmecê* também, *muzanfio*. A lei é amar ao próximo **como a ti mesmo**.

Capítulo 30

Alecrim, alegria e vida em abundância

"Os ciclos da existência só se abrem quando trilhamos o caminho da singularidade, daquilo que realmente é nosso jeito de ser e que não impede o fluxo da naturalidade da vida."

O alecrim, *muzanfio*, é a erva da alegria.

Alegria é a energia que pode ser chamada de "a alma da vida", pois não existe vida onde não há alegria.

Quem encontrou sentido na vida, quem se encontrou, vive com alegria.

Depressão é estado de quem não conseguiu ainda conectar-se com sua força de alegria e bem-estar e está sendo chamado a retomar sua conexão imediatamente.

A pessoa que carrega a energia da alegria é alguém que aprendeu a viver na realidade, distante das ilusões. A alegria é um resultado disso, e não uma emoção que *vosmecê* possa improvisar de uma hora para outra.

Para se livrar das ilusões, é preciso caminhar na direção de si mesmo, responder à pergunta que parece impossível: "Quem sou eu?".

Quanto mais a gente se aproxima daquilo que é, *muzanfio*, mais brota a alegria, porque alegria é o estado natural de quem conseguiu identificar-se com a verdade, e verdade é realidade. Realidade significa aquilo que é a vida e nós somos.

Para fazer esse caminho, é preciso aceitação. Por isso a energia que exala do alecrim é a energia da aceitação plena.

Sua atuação energética no chacra frontal chama o pensamento para o realismo, criando sensações conectadas com a verdade e ajudando a diluir as ilusões.

Mas, *fica* sabendo, *fio* de Deus, que todos temos alecrim dentro de nós.

A molécula da alegria é estruturada na medida em que amadurece a vida emocional para a compreensão. E a compreensão é a sabedoria de ver cada coisa e cada ser no lugar e no seu jeito particular.

Quem tem essa força da "alegria-alecrim" na alma atrai prosperidade e abundância. Alegria é o sentimento de quem ama o que faz. E quem aprende a amar o que faz abre caminho caminhos energéticos para um dia fazer o que sonha ou, ainda, para ser quem sonha.

Três palavras são caminhos para desabrochar a flor da alegria: gratidão, otimismo e flexibilidade.

A alegria estimula, energiza e faz luz nos caminhos da vida.

Então, *muzanfio*, vamos *alembr*á a beleza e a simplicidade da alegria no nosso *folclore* com energia e paz na alma:

Alecrim, alecrim dourado
que nasceu no campo
sem ser semeado
Foi meu amor
que me disse assim
que a flor do campo é o alecrim.

Alecrim, alecrim miúdo
que nasceu no campo
perfumando tudo
Foi meu amor
que me disse assim
que a flor do campo é o alecrim.

Alecrim, alecrim aos molhos
por causa de ti
choram os meus olhos
Foi meu amor
que me disse assim
que a flor do campo é o alecrim.

Capítulo 31

Importância da alegria de viver

"Se colocarem pedras em seu caminho, use o cinzel da compreensão e talhe uma obra de amor e beleza para enfeitar o santuário de sua alma."

*N*ego *véio,* durante muitos meses, ajudou o *fio* Custódio. Um homem que desencarnou com vinte e nove anos e chegou no Hospital Esperança, onde *nego trabaia* e aprende.

Nego chegou a escrever a nossa conversa, que ademais ensina pra *nóis* todos.

— Pai João, o que eu tenho que não me livro de tanta dor?

— *Muzanfio*, isso é dor da alma.

— Mas, meu pai velho, não era para essa dor passar depois da morte?

— Para algumas pessoas passa mesmo, *fio*.

— E por que não pra mim?

— Do que o *fio* acha que morreu?

— De câncer. Dói muito, muito mesmo.

— O *fio* ficou sabendo que *tava* doente com que idade?

— Aos vinte e cinco anos. Imagina só! Tão novo! Será que isso é carma?

— E como era a vida do *fio* antes dessa idade?

— Até então era cheia de viço, muito alegre. Adorava viver. Era um homem bom.

— E o que aconteceu com o *fio* depois?

— Adoeci e perdi a alegria de viver.

— Entendo, *muzanfio*. *Nego véio* leu sua ficha de reencarnação.

— Mesmo, Pai João?

— Sim, *fio*. Li sim.

— O senhor pode me dizer alguma coisa? Por quanto tempo vou sofrer essa dor?

— Até o *fio* aprender o que ela quer te ensinar.

— Mas ensinar o que?

— Que nem sempre, *fio*, as coisas serão como a gente gostaria que *fosse*.

— E precisa morrer de câncer para aprender isso, meu velho?

— Depende, *fio*. Na sua ficha, consta que foi a melhor e única opção. Lá diz, inclusive, que o *fio* não morreu aos vinte e nove anos, e sim aos vinte e cinco.

— Como?

— Sua doença, *muzanfio*, não é câncer. O *fio* tá morrendo, há muitas reencarnações, é de falta de alegria, esse combustível da existência humana.

— Falta de alegria? E o senhor acha mesmo que alguém vai ficar alegre depois de saber do que vai morrer?

— Acho sim, *fio*.

— Pai João, o senhor está querendo me dizer alguma coisa que eu não sei?

— Tô sim, *fio*. Sua doença da alma ainda não curada é que te causa tanta dor. Não é o câncer que dói na alma do *fio*. Esse já foi embora com o corpo que morreu.

— Então que doença é essa, Pai João?

— Desânimo de viver.

— Desânimo de viver! Eu, desanimado?

— O *fio* faz parte de um grupo de pessoas que adoeceram de revolta. Revolta por a vida não ser como gostaria que ela fosse. A revolta é o solo fértil de muitas doenças, meu *fio* querido, tais como depressão, desânimo, timidez, inquietação, arrogância e outras tantas dores da alma. São sentimentos que vampirizam a alegria e o bem-estar, retirando do ser humano a vontade de viver. Quem sofre disso vive empurrando a vida com a barriga, isto é, de qualquer jeito.

— Pai João, eu sou um revoltado? Nunca me vi desse jeito.

— Quem sofre de revolta, *fio*, não se enxerga. Desculpe *nego* ser tão claro com o *fio*.

— Eu estou triste mesmo com a sua fala.

— Sua tristeza, *fio*, não é comigo.

— É comigo, não é?

— Experimenta, *fio*. Experimenta viver com alegria.

O *fio* Custódio, quando saiu da enfermaria, foi direto para os cursos de desenvolvimento espiritual do Hospital Esperança. Foi aprender a sorrir, foi aprender a aceitar, foi aprender a viver a vida com mais bom humor e a nunca desistir. Ele estava dominado por uma visão materialista há muitas reencarnações. Tudo que não alcançava era motivo de derrota e desistência.

Um câncer? Isso dói mesmo. Entretanto, se dói tanto, será muito inteligente não perder a oportunidade do que ele quer ensinar. Seja qual for a lição, ainda que a doença tire a vida física, será imperativo que cultivemos a alegria de viver na alma, a única força capaz de transformar todas as nossas dores em bênçãos perante a vida e de nos libertar de verdade.

Como diz um provérbio: "Você não pode impedir que os pássaros da tristeza voem sobre sua cabeça, mas pode, sim, impedir que façam um ninho em seu cabelo.".

Capítulo 32

Reforma íntima libertadora

"Informação espiritual oferece segurança, mas só a transformação oferece libertação e sossego de espírito. Do cérebro até o coração, há um longo trajeto a ser vencido."

Os *fios sabe* a diferença entre o que tá no coração e o que sai dele?

O que tá no coração é experiência sagrada do templo da alma, é o que sentimos.

O que sai do coração e vira comportamento é outra coisa, é o que fazemos.

Sobre o que sentimos nem sempre temos controle, mas sobre o que fazemos, *nóis* respondemos por tudo.

O sentimento é a identidade da alma.

A atitude é o juiz das nossas escolhas.

Vosmecê pode sentir coisas ruins, mas, se não age conforme sente, isso se chama educação.

Vosmecê pode sentir culpa e agir com perdão e compreensão. Entretanto, a culpa na conduta pode gerar pessimismo, perturbação e desânimo.

Vosmecê pode sentir tristeza e abraçar a oração e a fé na mudança da emoção. Todavia, se a tristeza dominar a ação, pode surgir a amargura e a doença.

Vosmecê pode sentir raiva e buscar a serenidade e a paciência. Porém, se a raiva se espalhar, pode trazer o conflito, a separação e a animosidade.

Nem sempre sentimos o que gostaríamos, *muzanfio*, mas o comportamento é que identifica em que nível se encontram nossas aspirações de melhora e renovação.

Procure ter amizade com seus sentimentos, mesmo aqueles mais incômodos.

E, com seu comportamento, tenha muita cautela, vigilância e esforço educativo.

Nisso se resume o segredo da reforma íntima libertadora.

Capítulo 33

Péssimo momento para morrer

"Pensar é necessário, mas não podemos nos esquecer de viver. Viver é sentir."

*N*uma reunião mediúnica, *nego véio* conversava com uma *fia* que queria morrer de todo jeito. Foi assim a conversa:

— Pai João, eu quero morrer – falou a *fia* chorando – porque para mim não tem mais sentido viver. Tudo desmoronou.

— Oh, *fiinha*, não *pensa* assim não!

— Não tem jeito, meu pai. Não tem jeito. Acabou minha última esperança.

— Tudo tem jeito, *muzanfia*. Deus sempre arruma uma saída, até para o que parece impossível.

— Não no meu caso, pai. Eu quero morrer. Ajude-me a morrer.

— *Fia*, deixa *nego* dizer uma coisa pra *fia*. Tá um péssimo momento para morrer.

— Não brinca comigo uma hora dessa!

— *Nego* não ta brincando não, *fia*. Quer saber?

— O que, meu velho?

— Os que *tão* do lado de cá no astral estão desesperados para ir para aí. E a *fia* quer morrer e vir para o lado de cá!

— Eles querem vir para cá porque não sabem como anda a vida aqui na matéria.

— Ilusão, *muzanfia*! *Vosmecê* é que não sabe como tá a vida do lado de cá.

— Ah, pai João! Esteja como estiver aí, deve estar melhor do que o que eu estou vivendo aqui.

— Ilusão mesmo, *muzanfia, pruquê* (porque) do lado de cá as coisas andam muito agitadas. É muita perturbação e dor. Nem os protetores espirituais *tão* sossegados do lado de cá ao verem as dores dos que eles amam reencarnados na matéria.

— Brincadeira sem graça pai.

— *Nego num ta* brincando *fiinha*. Aqui tá muito pior do que ai. *Vosmecês num diz* que a Terra é uma copia infiel do que acontece do lado de cá?

— Sim, é verdade.

— Pois *acredita* nisso, *fia*. Aqui tem droga, tem dinheiro, tem feitiço e roubalheira, traição e sequestro, combate e depressão, fofoca e desafeto. Do lado de cá, tem gente querendo morrer e não sabe pra onde vai. Existem loucos perambulando sem saber o que fazer, tomados pelas lembranças de outra vida e gente suicida que se agrupa nos templos da dor.

— Pai João, que é isso? Não tem nada que preste desse lado aí?

— Tem sim, *muzanfia*. Aqui tem o mesmo remédio que a *fia* tá precisando e está disponível aí na farmácia da reencarnação. O remédio da fé, do trabalho, da paciência, do bem ao próximo e do esclarecimento. A *fia* nem precisa morrer para isso. Aí mesmo tem tudo que a *fia* precisa.

— O senhor acha mesmo que é disso que eu preciso?

— A *fia* já tomou esses remédios?

— Ainda não.

— Então experimenta e *despois* a *fia* fala com *nego véio* como ficou.

Graças a Deus que a moça resolveu seguir o conselho de *nego véio* e hoje está muito melhor.

Mas, se algum *fio* ainda estiver pensando como ela, *lembra do* aviso de *nego véio* que ainda está valendo: está um péssimo momento para morrer.

Capítulo 34

Suicídio: desista já dessa ideia

"Os dissabores fazem parte da vida, são necessários. O que você faz com eles é que fará toda a diferença a seu favor ou contra você."

*F*io querido, *tira* da sua mente essa ideia de morrer. Isso não resolve nada.

A primeira grande decepção de todo suicida é se ver em pé e mais vivo que nunca deste lado de cá da vida astral.

Se antes tinha um problema, depois de se matar, passa a ter um **problemão**.

É muita dor e tormenta.

Vamos pensar nos caminhos para viver, *muzanfio*. Não há nada nessa vida que não tenha solução.

Tá difícil? Peça ajuda. Ore. Tenha calma e esperança.

Deus não deixa ninguém no abandono, e até o que parece impossível tem jeito para Deus.

A vida pode até não ser bem o que o *fio* espera, mas um pouco de paciência e de resistência na hora em que as coisas mais se apertam nunca vai fazer mal.

Tá difícil reencarnar, tá tão difícil ir para a matéria. A fila do lado de cá está enorme para voltar para aí.

Olha, *fio*, escuta *nego véio,* que tá do lado de cá vendo as dores de muitos atormentados.

Se aí na vida material tá difícil, nem queira saber como é chegar aqui sem resolver os problemas da alma.

Seja humilde, *fio*. Peça ajuda de gente que tem capacidade para ajudar. É assim que, todos os dias, Deus ajuda os seus *fios* desesperados e tristes.

É por meio do amor de outros que curamos nossas sombras; é por meio do amparo de outros que conseguimos nos levantar; é por meio dos olhos de outros que nos livramos da cegueira.

Fica firme, *muzanfio*.

Tudo passa, e isso também há de passar.

Capítulo 35

Sete passos contra mau-olhado

"*Sempre que conseguir, emita uma energia do bem a todos os que não te compreendem, não te apoiam e não te querem bem.*"

$\mathcal{S}$e *vosmecê* acredita que existe alguma força contra *vosmecê* e não toma providências de proteção energética, com certeza está alimentando o poder das energias tóxicas em seu desfavor. Essas forças existem e são poderosas, viu, *fio*?

Acredite na força da boa magia. É, *muzanfio*, existe também a magia boa, sim. (risos)

Acredite no extraordinário volume de coisas positivas que estão disponíveis só para *vosmecê*.

Quer saber como usar essas poderosas bênçãos da vida em seu favor, *fio*? *Segue* esses sete passos que a Senhora do Rosário ensinou pros *nego véio* na vida espiritual:

1. Assuma a responsabilidade sobre seus sentimentos e seus comportamentos e pare de transferir para os outros a razão de suas escolhas e dissabores na vida.

2. Garimpe sempre o melhor que exista dentro de *vosmecê*, acolhendo com bondade e aceitação os seus erros e tropeços.

3. Desenvolva o hábito de sentir seus protetores espirituais e anjos da guarda no clima sagrado da oração e receba deles o alimento farto que suprirá suas forças.

4. Emita sempre que conseguir uma energia do bem a todos os que não te compreendem, não te apoiam e não te querem bem.

5. Ouça sempre o que os outros dizem sobre *vosmecê* e examine com humildade. Acima de tudo, desenvolva a sabedoria de ouvir a sua melhor conselheira: a consciência.

6. Acredite ardentemente que não existe erro sem perdão nem falha sem possibilidade de ser corrigida. Mesmo que teus irmãos de caminhada não te aceitem, Deus te acolhe como *vosmecê* estiver.

7. O sétimo passo é com Jesus, no *evangeio* de Mateus, capítulo dez, versículo quatorze:

> "E, se ninguém vos receber, nem escutar as vossas palavras, saindo daquela casa ou cidade, sacudi o pó de vossos pés."

Oh, *muzanfio* de Deus, acredite mais no bem que no mal e seu caminho vai estar *repreto* de boas coisas e de bênçãos para sempre.

Capítulo 36

Relacionamentos amorosos

"Quem se torna uma ótima companhia para si mesmo atrai somente pessoas que lhe acolherão com bons tratos e amorosidade. Quando você adora ficar com você tem excelentes pessoas à sua volta."

*F*iinhos de Deus, qualquer laço amoroso, para prosseguir e valer a pena, tem que ter um ponto essencial: antes de gostar de alguém, temos que ter amor a nós mesmos, aos nossos destinos e caminhos na existência.

Submeter nossa vida, nossos interesses, nossas necessidades e escolhas à imposição de alguém é pedir à vida para nos afastar dessa pessoa.

Só temos chance de atrair alguém que vá nos fazer bem quando já fazemos isso conosco.

Cuide de *vosmecê, muzanfio*. Quem cuida bem de si não tem ilusões com o outro, e as ilusões é que trazem dor.

Não é a existência de uma relação ou o fim dela que nos causa a decepção, mas sim o que acreditamos a respeito do amor entre duas pessoas.

Se o *fio* quer atrair alguém que valha a pena, *coloca* como condição a sua felicidade também. *Coloca* como compromisso o princípio no qual o *fio* possa dizer: "Se eu tiver alguém que me faça tão feliz quanto sou comigo mesmo, com essa pessoa eu quero caminhar. Do contrário, eu vivo bem sem esse alguém.".

Amar e ser amado são alimentos da evolução humana. Amor, porém, é um ingrediente da alma que sacia e nutre.

Quem não achou com o que viver bem ainda não se achou. Quem se achou tem essa premissa básica: vou ser feliz com ou sem alguém.

Continue tentando e examine como está cuidando de si mesmo, *fio*.

> "Se tendes amor, tereis colocado o vosso tesouro lá onde os vermes e a ferrugem não o podem atacar e vereis apagar-se da vossa alma tudo o que seja capaz de lhe conspurcar a pureza;"[1]

Que nosso Pai maior te proteja os caminhos.

---

[1] *O evangelho segundo o espiritismo*, capítulo 8, item 19.

Capítulo 37

Fé é soltar o controle da vida

"Diante dos momentos de dor na tua existência, guarda contigo a certeza de que não existem problemas sem solução. Ora a Deus rogando as forças que te faltam e continua, dia após dia, guardando a certeza de que a tua coragem de caminhar com fé já é uma parcela considerável no rumo da vitória e da libertação."

*O*s *fios quer* falar de fé e *nego véio* adora falar de fé.

Fé é sentir Deus.

Fé é a capacidade de entrar em contato com essa força maior que existe no universo, que nos coloca para cima, que nos fortalece no otimismo e nos concede paz na alma.

Fé é essa comunhão com o Criador que nos deixa em condições de nos mantermos de pé diante dos embates de cada dia.

A fé é uma energia interior e quem aprende a manejá-la consegue o que deseja.

Quando *farta* (falta) a fé *muzanfio, farta* tudo. *Farta* combustível para viver. *Farta* alimento pra alma.

Quer saber *fio* como ter fé? Tem jeito sim.

Primeiro é saber que todos fomos criados com ela, como uma semente que precisa de cultivo para brotar. Depois, é começar a cuidar da sementinha. E como cuidar, *fio*?

Nóis cuida da fé quando educamos algumas atitudes. É preciso, então, saber o que impede essa força de expandir e iluminar. Vamos pensar nisso.

Para a fé florescer, é preciso não querer controlar tudo na vida, aceitar que tudo que acontece tem uma razão de ser e que tudo pode ser melhorado.

Quando *nóis sai* do controle da vida, Deus toma conta e as coisas acontecem.

Quando *nóis aceita*, Deus age a nosso favor e mostra opções de solução.

Quando *nóis acredita* que tudo pode melhorar, Deus multiplica o nosso otimismo para *trabaiá* (trabalhar) e achar a estrada do aprimoramento.

A fé é uma força que move, eleva e transforma. Quem a desenvolve tem tudo, porque está em comunhão com o Pai, que tudo pode.

> "A fé robusta dá a perseverança, a energia e os recursos que fazem se vençam os obstáculos, assim nas pequenas coisas, que nas grandes."[1]

---

[1] *O evangelho segundo o espiritismo*, capítulo 19, item 2.

Capítulo 38

Viver não é um fardo

"Um dia vamos cobrar de alguém ou de nós mesmos tudo aquilo que hoje fazemos com insatisfação e que se torna pesado para nós."

E fio pergunta pra *nego véio*: Por que viver parece um constante fardo?

Viver não é um fardo. A forma como se vive é que pode se tornar um peso.

Fardo é quando morre dentro de nós aquilo que nos mantinha vivos.

É quando perdemos a esperança de que dias melhores podem acontecer.

É quando não acreditamos que podemos vencer uma imperfeição que nos atormenta.

É quando o medo de perder é maior que a crença nas vitórias.

É quando não temos mais um pingo de ânimo para realizar algo de útil.

De fato, viver está muito difícil para as almas sem fé e sem conexão com sua força divina.

E se o *fio* perguntar pra *nego véio* qual a doença que mais transforma a existência em um fardo, *nego* não tem dúvida de dizer que é o egoísmo.

Pensar demais a vida aumenta o peso de existir.

Viver não é um fardo. Viver é preencher o campo afetivo de luz e de paz.

Não podemos confundir o fardo das provas com o fardo da desistência.

O fardo das provas nós suportamos, já o da desistência é uma infeliz escolha.

A respeito do fardo das provas, o Mestre afirmou: "(...) o meu fardo é leve."[1].

Que Jesus nos proteja e abençoe com muita vida.

---

[1] *Mateus,* 11:30.

Capítulo 39

Ajude Deus a te ajudar

"Só perdemos aquilo que achamos que temos. Como nada é nosso, fica fácil concluir que nossas perdas são cursos intensivos de desapego para nos acostumarmos à transitoriedade da vida, são um rasgo nas nossas ilusões."

E uma *fia* querida pergunta a *nego véio* como se entender com Deus diante das provas.

Muzanfia, Deus já faz muito por nós em abrir o cadeado da prisão de nossas dores, atenuando nossas provas tanto quanto possível. Agora, abrir a porta é só girar a maçaneta... Isso, *fia*, é por nossa conta, é a nossa parte para se libertar das provas.

Deus abre o cadeado da prisão, mas *vosmecê* tem que ao menos abrir a porta, né, *fia?*

Deus segura sua mão na subida da montanha, mas os pés é a *fia* que tem que *movimentá.*

Deus te abana, *muzanfia, nas hora* das provas quentes, mas é a *fia* que tem que enfrentar o calor das provações.

Deus ampara e socorre, todavia, não nos tira da sala de aula da vida.

O Pai não nos falta em momento algum, pois Ele é muito justo e amorável em suas sábias leis.

Pedir todos podem. Peça o que quiser, *muzanfia*, mas *corre* atrás da realização de seu pedido.

Nego véio tem dó de Deus, porque muitas vezes a gente pede e ainda quer que ele faça por nós. (risos)

Peça proteção e tenha juízo de olhar como anda no seu carro, *fia*. Olha, fia, cento e cinquenta quilômetros por hora não é "velocidade pra Deus". Os guias só vão até *na* velocidade da lei, *despois* disso, *sei não* quem te acompanha.

Peça trabalho e tenha amor pelo que faz, *muzanfia*. A insatisfação é uma doença que rende juros em forma de revolta e mágoa.

Peça saúde e seja grata pelas bênçãos, pois muitos de nós que temos saúde a usamos apenas para adoecer.

Peça o amor de alguém e seja honesto consigo mesmo. Tem quem esteja tão cansado de si mesmo que apenas quer alguém para ter algo diferente do que se cansar.

Oh, *fia*, entender-se com Deus nas provas duras só é possível quando a gente faz a nossa parte. Quem cumpre o que já sabe e pode avança bastante.

Foi o Mestre Jesus, nosso protetor maior, quem ensinou:

> "Pedi, e dar-se-vos-á; buscai, e encontrareis; batei, e abrir-se-vos-á." [1]

---

[1] *Mateus*, 7:7.

A vida de *vosmecê* pode parecer um embaraço, mas lembre-se de que isso é uma forma pessimista de ver as coisas que só agravam suas contrariedades. Pense melhor, renove sua perspectiva.

Há sempre um ângulo positivo em tudo e uma saída para qualquer problema. Confiança na solução é noventa por cento do esforço para bons resultados.

Peça com amor, busque com inteligência e bata com atitude.

Deus adora esse caminho, *muzanfia*.

Capítulo 40

Meditação de libertação da angústia

"Você tem talentos incríveis que ainda não descobriu e com os quais já nasceu. Acredite: todas as pessoas têm um plano de Deus na alma. Seu trabalho é descobrir sua força, sua luz e sua grandeza espiritual, por isso, não permita a ninguém definir isso por você."

O sentimento de medo, *muzanfio*, cria uma vida paralela que paralisa a vida mental.

A maioria das doenças, tragédias e perdas de quem sofre essa doença jamais vai acontecer. Essas coisas acontecem apenas nos seus presságios e nos seus temores, que geram uma dolorosa ansiedade e insegurança.

Quem vive sob o domínio do medo crônico instaura uma dor interior muito aguda que se chama angústia. É uma dor que queima no peito e fecha todos os chacras para receber o amor de Deus.

Angústia sufoca a garganta e gera uma cruel sensação de desamparo e de desorientação, ela mata a delícia de viver.

É um sintoma que funciona como um ultimato, o último recado da alma, com intuito de dizer: "Dentro de você as coisas estão muito desorganizadas, falta o combustível da fé e da gratidão. Ajeite sua vida interior.".

Angústia é o último alerta.

É uma dor aguda que tenta abrir os olhos sobre uma dor crônica que está sendo muito nociva e afastando o indivíduo da realidade.

É a desproteção máxima a que um ser humano pode se entregar, gerando impotência, fragilidade e sensação de desistência.

Vamos cuidar disso, *fio* de Deus, com a magia do amor, com a amorosidade no coração.

Meditemos!

Sente-se confortavelmente, de preferência na natureza. Coloque, quando possível, uma música relaxante e um aroma de óleo essencial de lavanda no ambiente.

Respire profunda e calmamente por cinco vezes. Relaxe os ombros, o rosto, o tórax.

Coloque levemente as mãos em contato com o umbigo e respire mais três vezes, profunda e calmamente.

Agora, espalme as mãos sobre as pernas, abrindo-as em forma de conchas voltadas para o céu.

Visualize raios de luz azuis finos e refrescantes caindo sobre as palmas das mãos, entrando nos palmochacras e criando uma gostosa sensação de alívio e serenidade.

Respire novamente, profunda e calmamente, por algumas vezes.

Sinta que há a presença dos protetores do bem. Sinta, apenas sinta, que existem seres que atendem à sua fé.

Mentalize agora um campo de lavanda lilás, lindo, exuberante, irradiando forças leves que se acumulam nas conchas das mãos, nos palmochacras.

Essas forças formam um novelo de luz intensa lilás que se mistura com o azul, provocando uma sensação de amor e imensidão.

Sinta a imensidão, a imensidão, a imensidão!

Sinta a paz, a paz, a paz!

Fique assim um minuto.

Agora, vamos à parte mais importante: visualize esse novelo de luz em suas mãos e traga as duas mãos cruzadas até ao coração.

Deposite essa luz refrescante e calmante em seu coração. Aperte suavemente e limpe a angústia.

Repita três vezes esta frase, como uma oração: "Leve minha angústia, Pai. Alivia minha dor!".

Agora, vamos ao encontro da libertação e da cura.

Pegue sua mão direita e leve até ao ombro esquerdo. Pegue sua mão esquerda e leve até ao ombro direito.

Dê um doce abraço em você mesmo. Um abraço gostoso, cheio de luz e libertação, cura e emoção.

Diga por várias vezes em voz alta, enquanto se abraça: "Eu me amo, eu me amo, eu tenho muito carinho por mim. Eu amo a força de Deus que está em mim. Eu amo viver.".

Agora, vamos novamente, ainda se abraçando, buscar os nobres protetores do bem. Sinta-os bem pertinho de você. Eles te aliviam e libertam, curam e amam.

Dê um abraço bem amoroso neles. Traga-os para dentro de você. Aperte as mãos em seus ombros, como se os abraçasse.

Para se manter sob a proteção energética do bem, abra a alma e desenvolva o hábito de sentir os protetores espirituais no clima sagrado da oração, receba deles o alimento farto que suprirá suas forças em quaisquer circunstâncias. Quem mantém laços com a luz refugia-se na força divina da proteção infinita.

Volte ao ambiente bem devagar. Abra os olhos e faça uma oração agradecendo a vida.

E que *lorvado* seja *nossu sinhô Jesum* Cristo, *muzanfio*.

Entrevista
por Wanderley Oliveira

Mais um pouco com

Pai João de Angola

"*Tem muita gente querendo proteção dos mentores espirituais. Isso é muito natural e saudável. No entanto, na convivência com os espíritos, eles têm nos convocado à oportunidade de aprender a nos protegermos usando as forças mentais e da natureza. Todos precisamos de proteção espiritual, mas temos também que aprender a sermos a proteção em nós mesmos.*"

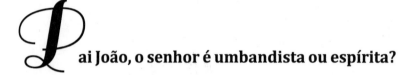

Pai João, o senhor é umbandista ou espírita?

Sou *fio* de Deus. Aprendiz do bem. Uma alma em recomeço.

Aí no mundo espiritual, onde o senhor atua, existe essa separação religiosa?

Existe sim, *fio*. Só não é do mesmo jeito. Na casa de *sô Euripa* aqui no Hospital Esperança, *nego véio* participa de tudo e aprende em todo lugar.

Como tem templo evangélico, católico e protestante, *nego* lê a Bíblia e fala de Jesus contando histórias da escravidão. Os *fios chora* e *nego* os abraça.

Como tem um terreiro umbandista no hospital, *nego* apoia os *fio* que encontraram alento nas práticas da umbanda livre dos apegos e inspirada na caridade.

Como tem um centro espírita que abriga os religiosos kardecistas, *nego* faz palestra, conta histórias e ensina magia.

E assim vai, *fio*, de acordo com cada religião.

E o que não é do mesmo jeito aí no plano espiritual?

É que aqui a maioria dos *fios* que participam das assembleias religiosas não encontram mais as prioridades pessoais que elegeram em seus cultos no mundo físico como critério de integração aos grupos. Aqui, existe seletividade moral. Por essa razão, muitos deles, após o desencarne, padecem uma enorme decepção consigo mesmos a fim de entender as finalidades libertadoras da religião pela primeira vez na sua vida.

Aqui, quem dirige os templos no Hospital Esperança tem essa tarefa por reconhecimento de sua força moral, e não pelos mesmos motivos que levaram vários espíritos a se tornarem pastores, padres ou dirigentes espíritas quando encarnados.

As prioridades aqui são conscienciais e morais.

Poderia dar mais detalhes sobre essas prioridades?

O que orienta as práticas de uma religião voltada para a libertação pessoal, *muzanfio*, é o desinteresse pessoal e o amor. Todavia, por conta das ilusões terrenas, muitos seguidores de Jesus, em quaisquer campos da religião, inverteram a ordem das prioridades e substituíram a hierarquia moral e o exemplo do bem por valores perecíveis e miragens de grandeza.

Nossos templos cristãos aqui no Hospital Esperança são ambientes de simplicidade, bondade e relações fraternas legítimas. Um ambiente de educação para as velhas tendências humanas de separação por rótulos religiosos.

As diferenças aqui têm muito mais valor que a igualdade na forma de pensar. Todos são educados para entender que amor verdadeiro floresce onde há diferenças, e não onde todos pensam da mesma forma.

Os trabalhadores destacados por *sô Euripa* para orientarem essas organizações são pessoas dotadas de simplicidade, enorme poder mental, farto conhecimento espiritual e profundamente focadas na moral do Cristo.

Padre fala para evangélico. Espírita fala para católico. Evangélico faz missa na igreja. Rituais não importam tanto. O que mais importa é a concórdia com afeto e bom humor.

Somente uma vez por semana os templos são abertos às reuniões livres para quem desejar cultivar seus elementos de fé por escolha pessoal. Nos outros dias, são verdadeiras escolas com lista de espera e seleção para ingressar, a fim de que os aprendizes façam cursos sobre como se tornarem homens de bem e de fé, distante das práticas formais organizadas nas instituições humanas que erguem as bandeiras pertinentes a essas religiões cristãs.

Aqui, impera outra ordem para administrar e conviver, bastante diferente da que vocês conhecem no mundo físico.

Qual a proposta básica desses templos?

Estimular a conquista da fé em Deus e prática da caridade sem olhar a quem.

E tem também igrejas com outras orientações cristãs?

Sim, e com o mesmo propósito: corrigir os equívocos humanos e educar para a fé legítima.

Se alguém quiser acender uma vela, rezar uma missa, fazer um louvor evangélico ou usar um incenso nesse templos é permitido?

Com certeza, *muzanfio*. Não foram essas práticas que levaram pessoas à fogueira e ao separatismo preconceituoso.

Foi o desamor e o interesse da posse da verdade que adoeceram e adoecem os religiosos.

Rituais e práticas, o próprio tempo se encarrega de transformar à medida que as pessoas amadurecem o bastante para encontrarem Deus dentro de si mesmas.

Rituais e práticas apenas separam quem já está separado pelo seu próprio preconceito com o modo com que o outro interpreta o caminho para Deus.

Como os espíritas têm se comportado diante desse contexto do hospital?

A maioria, não todos, é claro, experimenta as mesmas lutas e padece os mesmos males.

E quem são os que chegam em melhores condições? O que eles fizeram como espíritas para fugir à regra da maioria?

Amaram sem gastar energias para tentar eliminar as diferenças dos diferentes. Cuidaram mais de si mesmos, sendo expoentes de amor ao próximo.

Entenderam que a maior e mais poderosa obra em nome do espiritismo é a melhoria de suas condições pessoais e não se iludiram com as obras perecíveis das quais fizeram parte.

E quem são os espíritas que costumam ter mais problemas com esses assuntos religiosos?

Os que tinham muita certeza do que lhes esperava após a morte.

Pode explicar melhor?

São aqueles que tinham convicções muito rígidas a respeito da verdade e, por isso mesmo, alicerçaram certezas definitivas a respeito de seu caminho pessoal para depois do desencarne.

A rigidez endurece o senso de avaliação humana sobre a vida.

Comportamentos rígidos fertilizam a mente com ilusões sobre a realidade, criando miragens que somente podem ser tratadas após a morte do corpo físico.

Seria inconveniente perguntar qual a miragem mais comum entre os espíritas que chegam assim no Hospital Esperança?

Claro que não é inconveniente, *muzanfio*. Inconveniente seria não perguntar.

A miragem que mais adoece é a da suposta importância pessoal que muitos depositam em suas tarefas e em seus esforços em prol do espiritismo.

Chegam a tal ponto essas miragens, que recebemos aqui espíritos que cometeram novamente o mesmo desvio religioso de todos os tempos: amam mais à religião que ao seu próximo.

Essa a pior miragem: servir ao espiritismo, ter amor com a doutrina, e deixar de servir e ser amável ao seu próximo. Essa a maior incoerência que pode existir nos caminhos da vida espírita com Jesus.

Esse amor ao espiritismo reflete um velho costume da alma em se reportar com reverência e temor a Deus e com completa indiferença e desamor ao seu próximo.

E isso não assusta quem chega aí no hospital?

Assusta sim, *muzanfio!*

Para isso, as pessoas vão passando por etapas de preparação nos centros educacionais antes de frequentarem tais templos. É muito grande o número de espíritas que vem para cá e se chocam com isso mais do que outros religiosos.

Não só se chocam, como têm uma enorme rebeldia em aceitar.

O senhor está feliz em escrever este livro?

Nego véio tá com a sensação de dever cumprido.

Foi uma tarefa a pedido de um grupo com objetivos coletivos de educação espiritual. *Nego véio* nunca *pensô* em fazer isso, *fio*. Tanta gente boa pra escrever e *nego* fica gastando tempo *docês* com minhas palavras mal escritas.

Digamos que fiz com alegria. E é isso, *fio!*

O senhor acredita nos bons frutos deste trabalho?

Nego véio acredita no pedido desses mentores queridos, que sempre planejam o que pode ser útil em favor do crescimento do bem em nossa escola terrena.

Mas o senhor gostou de escrever?

Isso foi muito divertido, *muzanfio!*

Ver o *fio* passando aperto com *as ideia* foi muito divertido. (risos)

Não, *fio*, *nego* não é escritor, não! *Nego* nem sabe escrever direito.

Sei pouco, aprendi com *sinhozinho* Viriato, um *hômi* (homem) muito letrado da época da cana-de-açúcar. *Sinhozinho* era *hômi* bom e gostava da princesa Izabel no Rio de Janeiro.

Nego véio gosta mesmo é de aprender.

O que *nego* colocou nestas *foias* (folhas) é pedido de *sô Euripa.*

Tanta gente pra escrever né *fio*? E logo *nego veio* é que vai *tomá os tempo* dos *fios!*

Perdoa eu, viu, *muzanfio*, por não saber direito as coisas.

Nego véio gosta é muito de todos *vosmecê*, que são tão bom, tão bom, que ainda lê as coisas que *nego escrevinha* tudo errado.

Nego vai passar umas receitinhas. *Fazê* o bolo é com *vosmecê*.

Brigado, viu, *muzanfio*, por ser tão bondoso com Pai João de Angola e perdoa *nego* por ser assim tão sem jeito e tão *preto-véio*.

O senhor sabe que o livro pode ser muito apreciado por uns e ser alvo de muitas críticas ásperas por outros. O que dizer?

O amor de muitos vai alimentar *nego véio*. As críticas serão muito boas para a humildade de *nego véio*.

Nego tá acostumado com chibatada, *muzanfio*, mas acredito muito mais na força do amor, com a qual todos nós estamos burilando essas letras em favor do bem e da iluminação.

Muzanfio, fica tranquilo. É como diz o ditado: "Pé que dá fruta é o que mais leva pedrada.".

Quando alguém nos atira os detritos da calúnia, usemos para adubar o jardim das experiências e cultivar as flores abençoadas da paciência, do perdão e da bondade.

O senhor usa esse mesmo linguajar de preto-velho no mundo espiritual?

Não, *fio*. A forma de *nego véio* falar aqui é ainda mais complexa. Falo em iorubá, bantu, francês, inglês, espanhol e por telepatia no tempo. (risos)

Preto-véio curto (culto), né, *muzanfio*? (risos)

Pai João, o senhor é um mentor?

Longe disso, *muzanfio*. Pai João tá mais pra enfermo que procura se entender e curar.

Como não consigo me definir, vou levando a vida tentando fazer algo de útil com aquilo que já sei, para ver se, plantando sementes novas, consigo colher algo melhor a respeito de mim mesmo.

Viver com essa sensação de indefinição acerca de si não é algo ruim?

Fiinho, nem sei dizer se é bom ou ruim. Eu sei que é assim.

Aqui deste lado, quando o sentimento de fraternidade prepondera em nosso campo afetivo, as separações ilusórias que criamos quando na vida material, no corpo físico, são destruídas, e ficamos assim.

Falamos, sentimos e vivemos coisas que não sabemos ao certo o que nos pertence e o que pertence a outrem. Sabemos apenas que por agora é assim e tem que ser assim. Mais nada!

Enquanto se tem muito o que fazer de útil com o que podemos oferecer, *muzanfio*, ninguém se sente infeliz. Sendo o que sou, tenho a confiança dos mentores do bem que estão sempre me ocupando com serviço e aprendizado, caridade e bênçãos.

Deste lado da vida, as certezas não ajudam em nada. É a vida da impermanência.

Viver assim, com essa sensação que pode causar a ideia de algo vago e sem sentido, tem enormes vantagens.

Nego não chamaria isso de indefinição, e sim de ausência de rótulos, que em nada contribuem para o progresso.

Mesmo sem me definir com rótulos, eu sei bem **quem sou** e já abri mão de definir **o que sou**.

É como *nego véio* se sente, *fio*. Nem eu sei o que sou.

Enquanto isso, *me resta* viver e *trabaiá*. Eu gosto muito de *trabaiá, fio*.

Convivendo com o senhor há tanto tempo, tem hora que tenho a sensação de não conhecê-lo nem um pouco. Eu te senti muito desse jeito enquanto o senhor escrevia esse livro.

Só assim, *muzanfio,* para romper com as barreiras do pensamento preconceituoso e cheio de limites injustificáveis.

Para ser médium com Jesus, tem que ficar com esse estado na vida mental.

Quando pensamos no amor, ele toma nomes tais como religião, política, nacionalidade...

Quando sentimos o amor, isso se extingue, e aí sim vivemos a experiência do amor legítimo, sem barreiras e sem rótulos. Essa sensação vem disso.

Seus textos passam essa sensação. Foi essa a sua intenção?

Não houve intenção, houve encontro de propósitos. Os nossos com o seu e com o de muitos, que, ao lerem esses textos, se envolverão nesse clima atemporal, cuja melhor palavra no mundo físico para definir é impermanência.

Diante desse sentimento, as práticas e rituais, os princípios e os dogmas deixam de fazer qualquer sentido. O que passa a ser mais importante é se sentir protegido e amar indistintamente.

Quem ler os textos de *nego véio* vai encontrar princípios de diversas correntes cristãs, que são terrenos culturais praticamente sem barreiras de aproximação nas regiões espirituais onde se encontram os mais afeiçoados à melhoria e à educação.

O senhor falou muito de práticas populares nos textos. Qual a razão disso?

Percebê-las como instrumentos legítimos de fé, e não como rituais de salvação eterna da alma.

É um aprendizado transitório. Fé é o escudo de proteção humana mais almejado.

Nenhuma religião fará o homem melhor podando-lhe o direito de manifestar sua fé como desejar, e sim educando-o para compreender o poder que existe dentro dele mesmo como herança divina do Criador e educando-o para usá-lo na autoiluminação.

A autenticidade, nesse particular, manifestada com riqueza de honestidade emocional, é o caminho mais seguro para que o homem compreenda e aceite os caminhos para desenvolver seus potenciais celestes.

A religião que institui e obriga nem sempre estimulará homens nobres, legitimamente melhores e muito menos autênticos.

Há um receio acentuado, por parte de muitos, às crenças e aos rituais populares, especialmente à umbanda. Como o senhor vê isso?

Com um respeito incondicional. Todos têm o seu direito de pensar da forma que melhor lhes aprouver.

A forma de pensar merece respeito, já o desprezo com o que o outro trata o assunto é uma atitude imatura.

Podem pensar o que quiserem da umbanda, mas o acolhimento amoroso com todos os umbandistas é a recomendação que ecoa na consciência como mandamento das Leis de Amor.

Acolhimento amoroso que dispensa adjetivos e rótulos infelizes. Ninguém se torna melhor ou pior por ser umbandista, espírita, católico ou qual religioso for.

Sem dúvida, é coerente pensar que o apego apaixonado a rituais e práticas populares pode ser, em muitas pessoas, indício de imaturidade espiritual, mas desprezo e desrespeito também são.

Ao chegar aqui, muitos experimentam dolorosos conflitos psíquicos em função dessa ilusão. Confrontados com sua forma de pensar a respeito da forma de adorar a Deus, descobrem que negaram procedimentos que ainda não estavam prontos para deixar. Dimensionam, então, o quanto a adoção de uma nova forma de pensar não lhes trouxe uma proximidade maior com Deus.

Chegando aqui, muitos espíritas sentem uma enorme necessidade de frequentar outros templos e cumprem uma etapa de respeito aos seus próprios sentimentos, resgatando crenças e devoções das quais ainda necessitam para movimentar sua fé verdadeira. Queimaram etapas e tombaram na ilusão da posse da verdade.

E chegando à vida espiritual desse jeito, o que lhes acontece?

Pedem para mudar de religião.

E qual escolhem?

A que mais lhes traz paz e a que mais os faz sentir Deus.

Então, seria certo deduzir que existem muitos espíritas aqui no plano físico que não estão sentindo Deus e nem paz?

Existe gente assim em todas as religiões.

Trocaram Deus e a paz pessoal pela ilusória sensação de missionários da verdade.

Que nome dar a isso?

É a doença do preconceito.

Como definir o preconceito?

Preconceito é quando as diretrizes do comportamento são orientadas pela forma de pensar que polui a mente com crenças imaginárias a respeito do que significa a vida que nos rodeia.

É a paixão por aquilo que acreditamos e que, em muitas situações, vai em direção contrária ao que sentimos nas profundezas da alma pura.

E o preconceito contra pretos-velhos que existe a ponto de serem tratados como espíritos atrasados e inferiores?

Muzanfio, se falar errado ou ser preto-velho é um sinal de inferioridade, então eu sou inferior, e, enquanto existir preconceito na Terra, serei, propositalmente, preto-velho.

Nego véio anda curvado com a mão nas costas, fala errado mesmo e todo mundo *entendi* na alma a mensagem de *nego*. Como já disse, *nego* está sendo útil sendo quem é.

Os negros já são uma raça marginalizada na vida social terrena, mas parece que o fenômeno de exclusão continua para conosco, os negros-espíritos.

Enquanto houver preconceito, *nego* fará esse favor aos preconceituosos de testarem sua capacidade de amar os diferentes, estejam eles na matéria ou fora dela. Mesmo sabendo meia dúzia de línguas, continuarei falando do jeito que os auxilie a desconstruir padrões e rótulos com fins educacionais e terapêuticos.

A pergunta que *nego* faria é a seguinte: falar certinho, conforme as regras, ou usar um linguajar rebuscado é garantia de superioridade espiritual?

Estamos precisando mais de respeito do que correção linguística, *muzanfio*. O desrespeito, este sim define atraso e inferioridade quando faz parte da convivência.

De onde vem esse preconceito?

Os padres que ontem catequizavam índios e escravos no Brasil colônia estão, hoje, muitos deles, reencarnados no espiritismo, *muzanfio*.

E *vosmecê* acha que eles vão querer trocar os papéis e aceitar os *negos* como *mentor*?

E quando aceitam, *fio*, querem escravizar novamente os pretos-velhos aos seus interesses. Querem fazer pedidos e serem atendidos.

Muita gente acredita que preto-velho é um instrumento de solução de seus problemas, e só *lembra* da gente na hora que querem ordenar alguma coisa em relação às suas vidas.

No fundo, estão inconformados, por dentro, de os papéis terem sido trocados na história! (risos)

Quer nos deixar alguma mensagem final nessa breve entrevista?

Oh, *muzanfio* de Deus, tá na mão *dos fio* as ferramentas para arar o solo da vida.

Que seria da enxada acomodada no canteiro promissor?

Para melhorar a vida, toda sementeira espiritual pede ação, persistência e fé.

Lança mão da ferramenta afiada e confere força e importância a tudo aquilo que estiver em suas mãos e ao seu alcance.

Abra-se para que a luz da honestidade ilumine os seus passos com discernimento e plante a semente das boas realizações.

Trabalhe com alegria para que a luz do dever cumprido brilhe em forma de energias que libertam e vitalizem sua plantação no bem.

Acolha os exames alheios a respeito do que *vosmecê* faz, mas aprenda a construir sua própria avaliação em sintonia com a linguagem da alma.

Amando sua vida e suas reais possibilidades, o tempo e a experiência vão trazer novos desafios e, igualmente, novos instrumentos de serviço e aprimoramento. Então, os caminhos novos chegarão com novos horizontes e respostas. A renovação vai arejar e tornar mais alegre a experiência de viver.

Ame sempre, essa é a melhor ferramenta que jamais pode faltar na obra que nos foi confiada diante da vida.

Amor é a força de quem planta, colhe e se alimenta de paz e vibrações curativas.

"E falou-lhe de muitas coisas por parábolas, dizendo: Eis que o semeador saiu a semear."[1]

Semei, semei, semei, muzanfio.

Por entre a benção de Deus e as graças benevolentes de Maria Santíssima, eu os abençoo com meu coração.

---

[1] *Mateus* 13:3.

ficha
Técnica

Título
Fala, Preto-Velho

Autoria
Espírito Pai João de Angola
psicografado por Wanderley Oliveira

Edição
1ª / 8ª reimpressão

ISBN
978-85-63365-26-2

Capa
Tuane Silva

Projeto gráfico
Tuane Silva e Priscilla Andrade

Diagramação
Priscilla Andrade

Revisão da diagramação
Nilma Helena

Revisão
Debora Couto e Thaísa Moreira

Coordenação e preparação de originais
Maria José da Costa

Composição
Adobe Indesign CS6

Páginas
296

Tamanho do miolo
Miolo 16x 23 cm
Capa 54,5 x 23 cm com orelhas

Tipografia
Texto principal: Cambria 13pt
Título: Chiller Regular
Notas de rodapé: Cambria 10pt

Margens
22 mm: 25 mm: 28 mm: 22 mm
(superior:inferior:interna;externa)

Papel
Miolo Pólen 70g/m^2
Capa em Cartão Supreme 250g/m^2

Cores
Miolo: Black (K)
Capa em 4 x 0 cores CMYK

Pré-impressão

Instituto d'esperançe

Impressão
Instituto d'esperançe

Acabamento
Brochura, cadernos de 32 páginas
colados
Capa com orelhas laminação BOPP
fosca

Tiragem
1.000

Produção
Janeiro/2023

NOSSAS PUBLICAÇÕES

SÉRIE REFLEXÕES DIÁRIAS

PARA SENTIR DEUS

Nos momentos atuais da humanidade sentimos extrema necessidade da presença de Deus. Ermance Dufaux resgata, para cada um, múltiplas formas de contato com Ele, de como senti-Lo em nossas vidas, nas circunstâncias que nos cercam e nos semelhantes que dividem conosco a jornada reencarnatória. Ver, ouvir e sentir Deus em tudo e em todos.

Wanderley Oliveira | Ermance Dufaux
11 x 15,5 cm | 133 páginas

Somente **ebook**

LIÇÕES PARA O AUTOAMOR

Mensagens de estímulo na conquista do perdão, da aceitação e do amor a si mesmo. Um convite à maravilhosa jornada do autoconhecimento que nos conduzirá a tomar posse de nossa herança divina.

Wanderley Oliveira | Ermance Dufaux
11 x 15,5 cm | 128 páginas

Somente **ebook**

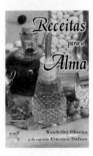

RECEITAS PARA A ALMA

Mensagens de conforto e esperança, com pequenos lembretes sobre a aplicação do Evangelho para o dia a dia. Um conjunto de propostas que se constituem em verdadeiros remédios para nossas almas.

Wanderley Oliveira | Ermance Dufaux
11 x 15,5 cm | 146 páginas

Somente

SÉRIE CULTO NO LAR

VIBRAÇÕES DE PAZ EM FAMÍLIA

Quando a família se reune para orar, ou mesmo um de seus componetes, o ambiente do lar melhora muito. As preces são emissões poderosas de energia que promovem a iluminação interior. A oração em família traz paz e fortalece, protege e ampara a cada um que se prepara para a jornada terrena rumo à superação de todos os desafios.

Wanderley Oliveira | Ermance Dufaux
16 x 23 cm | 212 páginas

JESUS - A INSPIRAÇÃO DAS RELAÇÕES LUMINOSAS

Após o sucesso de "Emoções que curam", o espírito Ermance Dufaux retorna com um novo livro baseado nos ensinamentos do Cristo, destacando que o autoamor é a garantia mais sólida para a construção de relacionamentos luminosos.

Wanderley Oliveira | Ermance Dufaux
16 x 23 cm | 304 páginas

REGENERAÇÃO - EM HARMONIA COM O PAI

Nos dias em que a Terra passa por transformações fundamentais, ampliando suas condições na direção de se tornar um mundo regenerado, é necessário desenvolvermos uma harmonia inabalável para aproveitar as lições que esses dias nos proporcionam por meio das nossas decisões e das nossas escolhas, [...].

Samuel Gomes | Diversos Espíritos
14 x 21 cm | 223 páginas

AMOROSIDADE - A CURA DA FERIDA DO ABANDONO

Uma das mais conhecidas prisões emocionais na atualidade é a dor do abandono, a sensação de desamparo. Essa lesão na alma responde por larga soma de aflições em todos os continentes do mundo. Não há quem não esteja carente de ser protegido e acolhido, amado e incentivado nas lutas de cada dia.

Wanderley Oliveira | Ermance Dufaux
16 x 23 cm | 300 páginas

 ## TRILOGIA DESAFIOS DA CONVIVÊNCIA

QUEM SABE PODE MUITO. QUEM AMA PODE MAIS

A lição central desta obra é mostrar que o conhecimento nem sempre é suficiente para garantir a presença do amor nas relações. "Estar informado é a primeira etapa. Ser transformado é a etapa da maioridade." - Eurípedes Barsanulfo.

Wanderley Oliveira | José Mário
16 x 23 cm | 312 páginas

QUEM PERDOA LIBERTA - ROMPER OS FIOS DA MÁGOA ATRAVÉS DA MISERICÓRDIA

Continuação do livro "QUEM SABE PODE MUITO. QUEM AMA PODE MAIS" dando sequência à trilogia "Desafios da Convivência".

Wanderley Oliveira | José Mário
16 x 23 cm | 320 páginas

SERVIDORES DA LUZ NA TRANSIÇÃO PLANETÁRIA

Nesta obra recebemos o convite para nos integrar nas fileiras dos Servidores da Luz, atuando de forma consciente diante dos desafios da transição planetária. Brilhante fechamento da trilogia.

Wanderley Oliveira | José Mário
14x21 cm | 298 páginas

 SÉRIE **HARMONIA INTERIOR**

LAÇOS DE AFETO - CAMINHOS DO AMOR NA CONVIVÊNCIA

Uma abordagem sobre a importância do afeto em nossos relacionamentos para o crescimento espiritual. São textos baseados no dia a dia de nossas experiências. Um estímulo ao aprendizado mais proveitoso e harmonioso na convivência humana.

Wanderley Oliveira | Ermance Dufaux
16 x 23 cm | 312 páginas

 ESPANHOL

MEREÇA SER FELIZ - SUPERANDO AS ILUSÕES DO ORGULHO

Um estudo psicológico sobre o orgulho e sua influência em nossa caminhada espiritual. Ermance Dufaux considera essa doença moral como um dos mais fortes obstáculos à nossa felicidade, porque nos leva à ilusão.

Wanderley Oliveira | Ermance Dufaux
16 x 23 cm | 296 páginas

 ESPANHOL

TERAPIAS DO ESPÍRITO

Integra saberes espirituais e terapias integrais em uma abordagem inovadora que promove o autoconhecimento, o reequilíbrio energético e a cura integral do Ser.

Dalton Eloy | 16 x 23 cm | 290 páginas

REFORMA ÍNTIMA SEM MARTÍRIO - AUTOTRANSFORMAÇÃO COM LEVEZA E ESPERANÇA

As ações em favor do aperfeiçoamento espiritual dependem de uma relação pacífica com nossas imperfeições. Como gerenciar a vida íntima sem adicionar o sofrimento e sem entrar em conflito consigo mesmo?

Wanderley Oliveira | Ermance Dufaux
16 x 23 cm | 288 páginas

ESCUTANDO SENTIMENTOS - A ATITUDE DE AMAR-NOS COMO MERECEMOS

Ermance afirma que temos dado passos importantes no amor ao próximo, mas nem sempre sabemos como cuidar de nós, tratando-nos com culpas, medos e outros sentimentos que não colaboram para nossa felicidade.

Wanderley Oliveira | Ermance Dufaux
16 x 23 cm | 256 páginas

PRAZER DE VIVER - CONQUISTA DE QUEM CULTIVA A FÉ E A ESPERANÇA

Neste livro, Ermance Dufaux, com seus ensinos, nos auxilia a pensar caminhos para alcançar nossas metas existenciais, a fim de que as nossas reencarnações sejam melhor vividas e aproveitadas.

Wanderley Oliveira | Ermance Dufaux
16 x 23 cm | 248 páginas

DIFERENÇAS NÃO SÃO DEFEITOS - A RIQUEZA DA DIVERSIDADE NAS RELAÇÕES HUMANAS

Ninguém será exatamente como gostaríamos que fosse. Quando aprendemos a conviver bem com os diferentes e suas diferenças, a vida fica bem mais leve. Aprenda esse grande SEGREDO e conquiste sua liberdade pessoal.

Wanderley Oliveira | Ermance Dufaux
16 x 22,5 cm | 248 páginas

EMOÇÕES QUE CURAM - CULPA, RAIVA E MEDO COMO FORÇAS DE LIBERTAÇÃO

Um convite para aceitarmos as emoções como forma terapêutica de viver, sintonizando o pensamento com a realidade e com o desenvolvimento da autoaceitação.

Wanderley Oliveira | Ermance Dufaux
16 x 23 cm | 272 páginas

SÉRIE AUTOCONHECIMENTO

QUAL A MEDIDA DO SEU AMOR?

Propõe revermos nossa forma de amar, pois estamos mais próximos de uma visão particularista do que de uma vivência autêntica desse sentimento. Superar limites, cultivar relações saudáveis e vencer barreiras emocionais são alguns dos exercícios na construção desse novo olhar.

Wanderley Oliveira | Ermance Dufaux
16 x 23 cm | 208 páginas

APAIXONE-SE POR VOCÊ

Você já ouviu alguém dizer para outra pessoa: "minha vida é você"?
Enquanto o eixo de sua sustentação psicológica for outra pessoa, a sua vida estará sempre ameaçada, pois o medo da perda vai rondar seus passos a cada minuto.

Wanderley Oliveira
16 x 23 cm | 152 páginas

DESCOMPLIQUE, SEJA LEVE

Um livro de mensagens para apoiar sua caminhada na aquisição de uma vida mais suave e rica de alegrias na convivência.

Wanderley Oliveira
16 x 23 cm | 238 páginas

A VERDADE ALÉM DAS APARÊNCIAS - O UNIVERSO INTERIOR

Liberte-se da ansiedade e da angústia, direcionando o seu espírito para o único tempo que realmente importa: o presente. Nele você pode construir um novo olhar, amplo e consciente, que levará você a enxergar a verdade além das aparências.

Samuel Gomes
14 x 21 cm | 272 páginas

7 CAMINHOS PARA O AUTOAMOR

O tema central dessa obra é o autoamor que, na concepção dos educadores espirituais, tem na autoestima o campo elementar para seu desenvolvimento. O autoamor é algo inato, herança divina, enquanto a autoestima é o serviço laborioso e paciente de resgatar essa força interior, ao longo do caminho de volta à casa do Pai.

Wanderley Oliveira | Pai João de Angola
16 x 23 cm | 272 páginas

FALA, PRETO VELHO

Um roteiro de autoproteção energética através do autoamor. Os textos aqui desenvolvidos permitem construir nossa proteção interior por meio de condutas amorosas e posturas mentais positivas, para criação de um ambiente energético protetor ao redor de nossas vidas.

Wanderley Oliveira | Pai João de Angola
16 x 23 cm | 291 páginas

DEPRESSÃO E AUTOCONHECIMENTO - COMO EXTRAIR PRECIOSAS LIÇÕES DESSA DOR

A proposta de tratamento complementar da depressão aqui abordada tem como foco a educação para lidar com nossa dor, que muito antes de ser mental, é moral.

Wanderley Oliveira
16 x 23 cm | 235 páginas

A REDENÇÃO DE UM EXILADO

A obra traz informações sobre a formação da civilização, nos primórdios da Terra, que contou com a ajuda do exílio de milhões de espíritos mandados para cá para conquistar sua recuperação moral e auxiliar no desenvolvimento das raças e da civilização. É uma narrativa do Apóstolo Lucas, que foi um desses enviados, e que venceu suas dificuldades íntimas para seguir no trabalho orientado pelo Cristo.

Samuel Gomes | Lucas
16 x 23 cm | 368 páginas

CONECTE-SE A VOCÊ - O ENCONTRO DE UMA NOVA MENTALIDADE QUE TRANSFORMARÁ A SUA VIDA

Este livro vai te estimular na busca de quem você é verdadeiramente. Com leitura de fácil assimilação, ele é uma viagem a um país desconhecido que, pouco a pouco, revela características e peculiaridades que o ajudarão a encontrar novos caminhos. Para esta viagem, você deve estar conectado a sua essência. A partir daí, tudo que você fizer o levará ao encontro do propósito que Deus estabeleceu para sua vida espiritual.

Rodrigo Ferretti
16 x 23 cm | 256 páginas

TRILOGIA REGENERAÇÃO

FUTURO ESPIRITUAL DA TERRA

As necessidades, as estruturas perispirituais e neuropsíquicas, o trabalho, o tempo, as características sociais e os próprios recursos de natureza material se tornarão bem mais sutis. O futuro já está em construção e André Luiz, através da psicografia de Samuel Gomes, conta como será o Futuro Espiritual da Terra.

Samuel Gomes | André Luiz
16 x 23 cm | 344 páginas

XEQUE-MATE NAS SOMBRAS - A VITÓRIA DA LUZ

André Luiz traz notícias das atividades que as colônias espirituais, ao redor da Terra, estão realizando para resgatar os espíritos que se encontram perdidos nas trevas e conduzi-los a passar por um filtro de valores, seja para receberem recursos visando a melhorar suas qualidades morais – se tiverem condições de continuar no orbe – seja para encaminhá-los ao degredo planetário.

Samuel Gomes | André Luiz
16 x 23 cm | 212 páginas

A DECISÃO - CRISTOS PLANETÁRIOS DEFINEM O FUTURO ESPIRITUAL DA TERRA

"Os Cristos Planetários do Sistema Solar e de outros sistemas se encontram para decidir sobre o futuro da Terra na sua fase de regeneração. Numa reunião que pode ser considerada, na atualidade, uma das mais importantes para a humanidade terrestre, Jesus faz um pronunciamento direto sobre as diretrizes estabelecidas por Ele para este período."

Samuel Gomes | André Luiz e Chico Xavier
16 x 23 cm | 210 páginas

ESTUDOS DOUTRINÁRIOS

ATITUDE DE AMOR

Opúsculo contendo a palestra "Atitude de Amor" de Bezerra de Menezes, o debate com Eurípedes Barsanulfo sobre o período da maioridade do Espiritismo e as orientações sobre o "movimento atitude de amor". Por uma efetiva renovação pela educação moral.

Wanderley Oliveira | Ermance Dufaux e Cícero Pereira
14 x 21 cm | 94 páginas

SEARA BENDITA

Um convite à reflexão sobre a urgência de novas posturas e conceitos. As mudanças a adotar em favor da construção de um movimento social capaz de cooperar com eficácia na espiritualização da humanidade.

Wanderley Oliveira e Maria José Costa | Diversos Espíritos
14 x 21 cm | 284 páginas

Gratuito em nosso site, somente em:

NOTÍCIAS DE CHICO

"Nesta obra, Chico Xavier afirma com seu otimismo natural que a Terra caminha para uma regeneração de acordo com os projetos de Jesus, a caracterizar-se pela tolerância humana recíproca e que precisamos fazer a nossa parte no concerto projetado pelo Orientador Maior, principalmente porque ainda não assumimos responsabilidades mais expressivas na sustentação das propostas elevadas que dizem respeito ao futuro do nosso planeta."

Samuel Gomes | Chico Xavier
16 x 23 cm | 181 páginas

EVANGELHO SEGUNDO O ESPIRITISMO

Explicação dos ensinos morais de Jesus à luz do Espiritismo, com comentários e instruções dos espíritos para aplicação prática nas experiências do dia a dia.

Allan Kardec | Espírito da Verdade
16 x 23 cm | 416 páginas

MEDICAÇÕES ESPIRITUAIS

Um convite à cura da alma por meio do autoconhecimento, da espiritualidade e da vocação. Reflexões profundas sobre o propósito da vida e a transformação interior.

Luis Petraca | Espírito Frei Fabiano de Cristo
16 x 23 cm | 252 páginas

ROMANCES MEDIÚNICOS

OS DRAGÕES - O DIAMANTE NO LODO NÃO DEIXA DE SER DIAMANTE

Um relato leve e comovente sobre nossos vínculos com os grupos de espíritos que integram as organizações do mal no submundo astral.

Wanderley Oliveira | Maria Modesto Cravo
16 x 23cm | 522 páginas

LÍRIOS DE ESPERANÇA

Ermance Dufaux alerta os espíritas e lidadores do bem de um modo geral, para as responsabilidades urgentes da renovação interior e da prática do amor neste momento de transição evolutiva, através de novos modelos de relação, como orientam os benfeitores espirituais.

Wanderley Oliveira | Ermance Dufaux
16 x 23 cm | 508 páginas

AMOR ALÉM DE TUDO

Regras para seguir e rótulos para sustentar. Até quando viveremos sob o peso dessas ilusões? Nessa obra reveladora, Dr. Inácio Ferreira nos convida a conhecer a verdade acima das aparências. Um novo caminho para aqueles que buscam respeito às diferenças e o AMOR ALÉM DE TUDO.

Wanderley Oliveira | Inácio Ferreira
16 x 23 cm | 252 páginas

ABRAÇO DE PAI JOÃO

Pai João de Angola retorna com conceitos simples e práticos, sobre os problemas gerados pela carência afetiva. Um romance com casos repletos de lutas, desafios e superações. Esperança para que permaneçamos no processo de resgate das potências divinas de nosso espírito.

Wanderley Oliveira | Pai João de Angola
16 x 23 cm | 224 páginas

UM ENCONTRO COM PAI JOÃO

A obra também fala do valor de uma terapia, da necessidade do autoconhecimento, dos tipos de casamentos programados antes do reencarne, dos processos obsessivos de variados graus e do amparo de Deus para nossas vidas por meio dos amigos espirituais e seus trabalhadores encarnados. Narra também em detalhes a dinâmica das atividades socorristas do centro espírita.

Wanderley Oliveira | Pai João de Angola
16 x 23 cm | 220 páginas

O LADO OCULTO DA TRANSIÇÃO PLANETÁRIA

O espírito Maria Modesto Cravo aborda os bastidores da transição planetária com casos conectados ao astral da Terra.

Wanderley Oliveira | Maria Modesto Cravo
16 x 23 cm | 288 páginas

PERDÃO - A CHAVE PARA A LIBERDADE

Neste romance revelador, conhecemos Onofre, um pai que enfrenta a perda de seu único filho com apenas oito anos de idade. Diante do luto e diversas frustrações, um processo desafiador de autoconhecimento o convida a enxergar a vida com um novo olhar. Será essa a chave para a sua libertação?

Adriana Machado | Ezequiel
14 x 21 cm | 288 páginas

1/3 DA VIDA - ENQUANTO O CORPO DORME A ALMA DESPERTA

A atividade noturna fora da matéria representa um terço da vida no corpo físico, e é considerada por nós como o período mais rico em espiritualidade, oportunidade e esperança.

Wanderley Oliveira | Ermance Dufaux
16 x 23 cm | 279 páginas

NEM TUDO É CARMA, MAS TUDO É ESCOLHA

Somos todos agentes ativos das experiências que vivenciamos e não há injustiças ou acasos em cada um dos aprendizados.

Adriana Machado | Ezequiel
16 x 23 cm | 536 páginas

REENCONTRO DE ALMAS

Entre encontros espirituais e reencontros marcados pelo amor, o romance revela as escolhas, renúncias e resgates de almas destinadas a se encontrarem novamente através dos séculos.

Alcir Tonoli | Espírito Milena
16 x 23 cm | 280 páginas

RETRATOS DA VIDA - AS CONSEQUÊNCIAS DO DESCOMPROMETIMENTO AFETIVO

Túlio costumava abstrair-se da realidade, sempre se imaginando pintando um quadro; mais especificamente pintando o rosto de uma mulher. Vivendo com Dora um casamento já frio e distante, uma terrível e insuportável dor se abate sobre sua vida. A dor era tanta que Túlio precisou buscar dentro de sua alma uma resposta para todas as suas angústias. A partir de lembranças se desenrola a história de Túlio através de suas experiências reencarnatórias.

Clotilde Fascioni
16 x 23 cm | 175 páginas

O PREÇO DE UM PERDÃO - AS VIDAS DE DANIEL

Daniel se apaixona perdidamente e, por várias vidas, é capaz de fazer qualquer coisa para alcançar o objetivo de concretizar o seu amor. Mas suas atitudes, por mais verdadeiras que sejam, o afastam cada vez mais desse objetivo. É quando a vida o para.

André Figueiredo e Fernanda Sicuro | Espírito Bruno
16 x 23 cm | 333 páginas

ROMANCE JUVENIL

UM JOVEM OBSESSOR - A FORÇA DO AMOR NA REDENÇÃO ESPIRITUAL

Um jovem conta sua história, compartilhando seus problemas após a morte, falando sobre relacionamentos, sexo, drogas e, sobretudo, da força do amor na redenção espiritual.

Adriana Machado | Jefferson
16 x 23 cm | 392 páginas

UM JOVEM MÉDIUM - CORAGEM E SUPERAÇÃO PELA FORÇA DA FÉ

A mediunidade é um canal de acesso às questões de vidas passadas que ainda precisam ser resolvidas. O livro conta a história do jovem Alexandre que, com sua mediunidade, se torna o intermediário entre as histórias de vidas passadas daqueles que o rodeiam tanto no plano físico quanto no plano espiritual.
Surpresos com o dom mediúnico do menino, os pais, de formação Católica, se veem às voltas com as questões espirituais que o filho querido traz para o seio da família.

Adriana Machado | Ezequiel
16 x 23 cm | 365 páginas

RECONSTRUA SUA FAMÍLIA - CONSIDERAÇÕES PARA O PÓS-PANDEMIA

Vivemos dias de definição, onde nada mais será como antes. Necessário redefinir e ampliar o conceito de família. Isso pode evitar muitos conflitos nas interações pessoais. O autoconhecimento seguido de reforma íntima será o único caminho para transformação do ser humano, das famílias, das sociedades e da humanidade.

Dr. Américo Canhoto
16 x 23 cm | 237 páginas

TRILOGIA ESPÍRITOS DO BEM

GUARDIÕES DO CARMA - A MISSÃO DOS EXUS NA TERRA

Pai João de Angola quebra com o preconceito criado em torno dos exus e mostra que a missão deles na Terra vai além do que conhecemos. Na verdade, eles atuam como guardiões do carma, nos ajudando nos principais aspectos de nossas vidas.

Wanderley Oliveira | Pai João de Angola
16 x 23 cm | 288 páginas

GUARDIÃS DO AMOR - A MISSÃO DAS POMBAGIRAS NA TERRA

"São um exemplo de amor incondicional e de grandeza da alma. São mães dos deserdados e angustiados. São educadoras e desenvolvedoras do sagrado feminino, e nesse aspecto são capazes de ampliar, nos homens e nas mulheres, muitas conquistas que abrem portas para um mundo mais humanizado, [...]".

Wanderley Oliveira | Pai João de Angola
16 x 23 cm | 232 páginas

GUARDIÕES DA VERDADE - NADA FICARÁ OCULTO

Neste momento de batalhas decisivas rumo aos tempos da regeneração, esta obra é um alerta que destaca a importância da autenticidade nas relações humanas e da conduta ética como bases para uma forma transparente de viver. A partir de agora, nada ficará oculto, pois a Verdade é o único caminho que aguarda a humanidade para diluir o mal e se estabelecer na realidade que rege o universo.

Wanderley Oliveira | Pai João de Angola
16 x 23 cm | 236 páginas

TRILOGIA CONSCIÊNCIA DESPERTA

SAIA DO CONTROLE - UM DIÁLOGO TERAPÊUTICO E LIBERTADOR ENTRE A MENTE E A CONSCIÊNCIA

Agimos de forma instintiva por não saber observar os pensamentos e emoções que direcionam nossas ações de forma condicionada. Por meio de uma observação atenta e consciente, identificando o domínio da mente em nossas vidas, passamos a viver conscientes das forças internas que nos regem.

Rossano Sobrinho
16 x 23 cm | 264 páginas

LIBERTE-SE DA SUA MENTE

Um guia de autoconhecimento e meditações que conduz o leitor à superação de padrões mentais e emocionais, promovendo equilíbrio, paz interior e despertar espiritual.

Rossano Sobrinho
16 x 23 cm | 218 páginas

SÉRIE FAMÍLIA E ESPIRITUALIDADE

ESCOLHA VIVER

Relatos reais de espíritos que enfrentaram o suicídio e encontraram no amor, na espiritualidade e na esperança um novo caminho para seguir e reconstruir suas jornadas.

Wanderley Oliveira | Espírito Ebert Morales
16 x 23 cm | 188 páginas